광채

光彩

광채光彩
우주의 주인이신 아버지께 드리는 손편지

발행일	2021년 10월 11일 초판 1쇄
저자	조양희
발행처	상생출판
발행인	안경전
주소	대전시 중구 선화서로 29번길 36(선화동)
전화	070-8644-3156
팩스	0303-0799-1735
홈페이지	www.sangsaengbooks.co.kr
출판등록	2005년 3월 11일(제175호)

Copyright ⓒ 2021 조양희
ISBN 979-11-91329-18-6

가격은 뒤표지에 있습니다.
본문에 실린 그림은 저자의 허락을 득한 후 사용이 가능합니다.

광채 光彩

우주의 주인이신
아버지께 드리는
손편지

조양희 지음

상생출판

서 문

제가 우주의 주인이신 아버지께 손편지를 쓰는 것은 참으로 멋진 일이라 생각합니다. 준비하는 이에게 우연이란 있을 수 없겠지요. 사실 제가 한결같은 희망을 품고 써 온 편지글 작업은 저에게는 필연적이었습니다. 진정으로 하고 싶었던 일을 초대받은 것이지요.

하루는 기적이며 매일이 초현실적입니다. 소소하게 벌어지는 일들, 한순간 순간 속에 숨겨진 시간 안에서 경이로운 기적들을 조용히 체험하게 됩니다.

제 유년 시절의 외할머니에 대한 기억은 특별합니다. 곰곰이 생각을 하면 외할머니는 저를 돌보시면서 어린이에게 우리의 전통 민족문화를 가르치신 것입니다.

그분의 사사로운 행동들은 세월이 갈수록 예사롭지 않게 생각됩니다. 모르는 사이 제 뇌리에 좀처럼 뽑히지 않는 옹이박힌 기억의 뿌리가 된 것이지요.

70여 년 전, 6.25 남북전쟁 후라 우리는 생활이 녹록치 않았습니다. 그때도 외할머니는 어려운 상황이 부딪힐 때면 먹을 갈아 붓으로 한지에 무언가를 써서 대문이며, 부엌, 광문, 화장실 벽과 벽한 모서리에도 붙였던 것 같아요. 그 글씨의 흔적들이 오랫동안제 기억의 영상 밑바닥에 남아 있어요.

할머니는 특히 초겨울 동지를 중히 보내셨습니다. 접시에 기름을 붓고 심지에 불을 밝히셨습니다. 팥죽을 끓이시고 벽에 뿌려주시며 안심을 시키셨지요.

다시 새봄이 오면 특별한 날들을 손가락으로 꼭꼭 짚으셨습니다. 단오축제도 크게 지내셨는데, 하얀 치마저고리를 새것으로 갈아 입으셨습니다. 창포를 끓이시고 제 머리를 감겨 주셨고 이마에 붉은 도장을 찍어 주시며 저에게도 한복을 입혀 주셨지요.

영롱하게 남아있는 동지와 단오의 유년 기억은 늘 새롭습니다. 하늘땅을 살펴보시고 벌레에게도 말을 걸던 행동들은 저에게 깊은 영향을 주었습니다. 훗날 제 삶에 감성 살리기의 길잡이가 되셨던 것이지요.

또 감정의 변화가 많던 사춘기 때에는 엄마의 편지를 많이 받았습니다. 엄마 또한 저에게 등불이었고, 지금은 그 어른들의 생활을 닮아가면서 그분들에 대한 그리움을 글쓰는 작업으로 대신합니다.

외할머니와 엄마처럼 저 역시도 누군가에게 감히 등불이 되고 싶어요. 제가 받은 사랑만큼 제 자녀들에게 돌려주려고 천 통 이상의 편지를 주었습니다. 〈도시락 편지〉로, 소소한 일상을 대화식으로요. 그 편지의 내용들은 초등학교 5학년 읽기 교과서에 20년 동안 수록이 되기도 하였고, 특별히 감사패도 받았습니다.

저에게 이런 힘은 어른들께서 남겨 주신 발자취들이라 생각합니다. 매 순간 긍정적으로 살피는 글 작업은 나뿐만 아니라 이웃에게도 순수한 기쁨을 찾아주는 안내자 역할을 해 주는 것 같습니다.

지금처럼 코로나로 안팎이 어려운 때에 우주의 아버지께 손편지를 드리는 일은 저에게 소중한 작업으로 여기게 되어 기쁩니다.

아쉽게도 저를 낳아 주신 아버지께 생전 편지를 받기만 했지 드린 일이 없었기에 마치 제 아버지께 드리는 편지로 느껴져서 겁없이 뛰어들었습니다. 절 낳아 주신 아버지께 드리는 감성을 살려서 저 높은 우주의 주인이신 원래 내 아버지께 편지를 쓰는 것입니다.

그 아버지가 계신 곳은 대기권을 지나 무중력 상층 지대가 아닌, 바로 제 몸 가슴 안에도 펼쳐진 작은 우주입니다. 제 심장 여러 방 안에 아버지께서 계시다는 것을 깨닫게 되었습니다. 이곳에 계시는 아버지를 제 자신처럼 느끼고, 그래서 쉬운 대화체로 편지를 써 드리자고 마음먹었습니다.

얼마 전 저는 우주의 순환에 대하여 막연한 불안감에 젖어 있었습니다. 그것으로 한동안 절망감에 빠져 우울했는데 마침 그때 다가오셔서 포근하게 감싸는 광채를 강하게 느꼈습니다. 초라한 저를 어루만져 주시며 '그래, 그랬었구나' 하고 보듬어 주시는 존재를 깨닫게 되었어요. 그 순간 안으로 확하고 무언가가 흡수되었는데, '이 느낌은 무엇을 의미하며 앞으로 어떻게 해 나가야 하는가' 하는 생각에 잠기게 되었어요.

2019년 늦가을. 그로부터 6개월 사이 지구촌 구석구석으로 코로나19가 일상을 무참하게 덮었습니다. 처음 이 시기에 확실한 처방이 없어 수많은 생명들이 손쓸 틈 없이 무참하게 죽어 나갔고, 지구촌의 수십만 명의 생사를 지켜보았습니다.

이런 위기와 혼돈 시기에 아버지께 드리는 편지 작업은 희망을 안겨주는 작은 이벤트가 될 수도 있겠다는 생각을 했습니다. 이런 일은 거대한 바다에 비하면 한 방울 물에 불과하지만 아버지의 자애로우신 마음에 의지하면서 본능으로 다가가고 싶었습니다.

여러 희귀한 변이 바이러스 괴질병과의 전쟁을 치르면서 과연 우리 힘으로 이겨낼 수 있을까, 희망의 열쇠는 없는 것일까, 하는 생각을 떨칠 수가 없습니다. 요즘들어 사람들과 마음 놓고 만날 수 없는 환경에 이르렀습니다. 격리와 거리두기로 인한 경제활동의 어려움으로 스트레스가 쌓여갑니다.

그런가 하면 앞으로 지축이동과 지진과 화산폭발 등의 거대한 자연재해로 지구마을이 더욱 요동을 칠 거라고 합니다. 오늘날의 심각한 기후현상 역시 사실들을 뒷받침해주고 있습니다. 우리는 이 심란한 환경에서 골병이 들고 있습니다. 그러면서도 꿋꿋하게 버티며 내 자리를 지켜야 합니다.

팬데믹에서 나의 건강을 보호하고 이웃과 관계를 지속할 수 있는 지팡이는 마스크 이외 또 다른 길은 없는 것일까요?

팬데믹이라는 이 힘겨운 상황을 겪으면서도 인간사회의 발전속도는 더욱 스피디하게 진행되고 있습니다. 아날로그 문명에서 디지털로 전환되고 구석구석 생활문명의 코드가 새로운 진화의 시간으로 꿈틀거립니다.

이런 급변의 흐름에서 인간의 생명을 위협하는 여러 변이 바이러스를 극복하려면 나 스스로 빛과 같은 존재가 되어야 이 곤륜산을 넘을 수 있을 것 같습니다. 그 방법을 얻으려고 제 안에 계시는 아버지께 이렇게 손편지를 쓰게 되었습니다.

2021년 7월
조양희 씀

※본문에 실린 수채화는 저자의 그림입니다.

차 례

그림 조승희 화백(필자의 여동생)

시간의 열쇠

1

푸른 멍 자국

아버지,

지난밤 환하게 비춰주는 반달을 우러러보며 눈물지었습니다.

엄마를 만나듯, 외할머니를 뵙듯 아버지께서 제 눈물을 닦아
주셨습니다.

잠자리가 편안하셨는지요?

"나를 선생이라 부르지 말고 아버지라 불러라."(1:72) 하신
내 아버지.

세상을 둘러 보시기 위해서 맨발로 먼 길을 떠나셨던 내 아버지,

산과 들에서 노숙하시고 인가에서 걸식하시며 굶으신 내 아버지,

단단히 비비고 꼬아 신으신 그 짚신을 나에게 도로 벗어주신
내 아버지.

추위에 얼어 발톱이 짓무른 내 겨레의 발에 신겨주신 짚신입니다.

아버지, 한없이 좋으신 가난한 내 아버지.

오늘은 오색 빛의 두루마기를 걸치셨습니다.

따스한 가슴, 아버지의 심오한 미소는 불안한 제 마음을
어루만져 주시는 눈부신 저의 지팡이십니다.

아버지,

'삼신'이란 말씀은 저에겐 하나도 낯설지 않습니다.
제 유년 시절 자주 듣던 정다운 말입니다.
외할머니의 조용한 외침, 한 마디, 한 마디.
"삼신께서 알아서 하시느니라. 걱정 말거라."
"삼신께서 너를 도와주시는 거, 알제?"
"삼신께서 태아의 볼기를 때리신다."
"이 세상만사, 다 삼신이 하시는 일."
삼신은 자상한 외할머니요 내 조상이십니다.
삼신을 노랫가락처럼 흥얼거리셨던 내 조상님들.
생명과 연관있는 분, 삼신은 인간을 낳습니다.

정녕 몰랐습니다.
삼신이 우주의 근원인 창조성을 지닌 분이심을 정녕 몰랐습니다.
땅뿐 아니고 하늘 우주를 다스리는 분이심을 정녕 몰랐습니다.
땅을 다스리고, 또 사람을 다스리는 분이심을 정녕 몰랐습니다.
생명을 낳고 기르는 실체적인 하느님이심을 정녕 몰랐습니다.

'삼신'을 원리적으로 표현하면
조화造化, 교화敎化, 치화治化입니다.
삼신관은 인류 제사 문화의 본고향입니다.
종주국인 조선 땅은 우리입니다.
우리는 동방신교를 신앙한 민족입니다.
삼신의 존재를 역사적으로 알게 해 주셔서 얼마나 기쁜지요.
굽이굽이 숨 쉬며 내려온 광명문화는 우리의 역사입니다.
제 의식 속으로 삼신의 신비가 폭포 되어 떨어집니다.

삼신을 비로소 바르게 깨닫습니다.

아버지.
우리나라에선 웬만하면 '삼신'이라는 말을
모르는 이가 없을 것 같습니다.
저 우주의 북두칠성, 북극성에 삼신께서 거기에 계십니다.
삼신할머니로부터 생명을 받아 탯줄을 타고
이 세상으로 태어난 우리.
우리 민족은 칠성을 섬겨왔습니다.
마지막 떠날 때 칠성판에 한평생 수고한 몸을 누입니다.
우리는 그 칠성의 후손임을 증명하듯,
갓 태어났을 때는 삼신의 손자국이 몸에 새겨져 있습니다.
엉덩이나 몸에 하늘빛의 푸르스름한 멍 자국입니다.
저도 세상에 나올 때 힘내라고 삼신께서 '찰싹' 때리셨습니다.
몸에 찍힌 삼신의 증거는 푸르게 푸르게 대신 말을 해 줍니다.
푸른 멍은 우주의 특별한 사명을 받은 약속의 표시입니다.
한 사람, 한 사람 특별한 품종의 씨앗들입니다.
우리는 발아되어 맡은 역할로 아버지 앞에 서야 합니다.

내 일상은 충분히 자유롭고 여유로울 수 있는 데도,
알 수 없는 진한 멍에를 안고 삽니다.
누구나 환경에 의해 애쓰고 닦는 살 아픔을 가졌습니다.
때론 서로가 인연의 걸림돌로 묶였습니다.
그 걸림돌이 우리 자신을 보호해줄 때도 있습니다.
저희는 조상의 공이 많이 든 참 씨앗들입니다.

내 일상은 공든 참 씨앗들을 심는 '생명의 밭'이라고 생각합니다.

삼신으로 생명 에너지를 받고,
내면에는 신성한 신명들도 함께 삽니다.
우리는 복이 가득 담긴 생명수이며 복록수인 태을주입니다.
태을주가 왜 소중한 에너지인지,
태을주를 읽다 보면 우리가 살아야 하는 존재 가치를 여실히
깨닫게 됩니다.
아버지.
아버지는 저희에게,
손바닥에 인류를 건져 낼 '살릴 생生 자'를 쥐었다고 하십니다.(8:117)
동시에 사람을 살리는 일꾼들이라고 하셨습니다.
그래서 세상 사람들에게, 그 '살릴 생 자'가 바로
오래전부터 비결서에서 말하는 '소울음 소리'라는 걸
알리고 싶습니다.
태을주와 하나 된 저희입니다.
매일 접하게 되는 부정적인 에너지와 척신과 걸림돌을 만날 때,
저희의 역할이 얼마나 중요한지,
일꾼이 얼마나 소중한 존재인지,
우주에서 얼마나 특별한 열매를 먹는 일인지 저희는 압니다.
아버지를 바라보면 압니다.
그래서 일상에서 '훔~' 하고 소리낼 때
슬며시 다가오는 신호를 압니다.
저희는 작지만 이웃에게 큰 힘이 되어 드립니다.
특별한 의미를 드리는 우리의 행동으로…

다시 아버지의 딸이 됩니다.

삼신께서 어떤 분이신지,
이 위대한 존재가 그저 친숙한 삼신할머니일까요?
우리는 삼신으로 받아 나온 이 생애에 꼭 이뤄내야 할 성업을
짊어지고 삽니다.
필생의 과업을 이루기 위해 삽니다.
저희는 마침내 생명의 본고향, 태을천으로 귀향하는
이러한 원리를 태을주 도장을 파서
제 이마에 광채로 새기셨습니다.

아버지, 가을개벽을 넘어서야 하는 이유는
후천 조화선경 세계에서 겨레와 함께 살아가야 하기 때문입니다.
끔찍하고 힘겨운 팬데믹일지라도
태을주라는 보물선, 피신처 안에서 인내를 해야만 합니다.
이 괴질의 고통스러운 시간을 통해
저희는 서로에게 용기와 내어줌을 배웁니다.
개벽 일꾼들이 밭에 심은 씨앗에서
싹이 더디 나오는 것에 대해 조급해 하지 않습니다.
새끼줄에 엮은 굴비처럼 생명의 정보들을 쥐고
팬데믹의 문턱을 넘어가야만 합니다.
더 끔찍하고 대책이 막막한 병란이 닥쳤을 때 서로 격려하며
같이 하나된 마음으로 태을주 보물선으로 승선해야 할 것입니다.
병란을 극복한 이후의 삶은,
자연의 위대한 섭리로 조화선경 세계가 열립니다.

삼신께서 지금 이 세상에 태어나라고
볼기짝을 때려 멍든 도장을 찍어주신 것은
곧 인류가 맞이할 병란을 무사히 넘어가라는 표식입니다.

후천 5만 년 조화선경 세계로 건너갈 수 있으리라는
아버지와의 약속의 무지개다리를 보는 듯합니다.
"맡은 바 일을 바르게 처리하지 못해 한을 남기지 말라"(8:113)
하신 아버지.
팬데믹에서 이웃의 생명을 지켜주지 못하면
저희의 한으로 남을 것입니다.
그러니 성스러운 임무에 참여할 수 있는 일꾼이 될 수 있도록
노력을 아끼지 말아야 할 것입니다.

『도전道典』에서 "나도 단군의 자손이니라"(2:26)고 하신 말씀을
읽을 때마다
하느님 아버지를 눈앞에 생생히 알현합니다.
"내가 어서 가서 저렇게 헐벗고 굶주린 사람들을 널리
구하리라."(1:70) 하신 내 아버지.
굶주림에서 해방된 우리, 그러나 여전히 가슴이 허전합니다.
풍요로운 물질 속에 마음은 발가벗고 있습니다.
그래서 아버지의 『도전』 말씀은
팬데믹의 문턱에 걸터앉아 있는 우리에게 큰 위로가 됩니다.

아버지.
아버지께선 목놓아 우십니다.

사람 생명의 한계에 속상해 하시며 마침내 품고 계신
비약을 꺼내십니다.
아버지의 천지공사 성업 덕분으로
저희는 이불을 잘 덮고 따뜻한 방에서 잠들 수 있게 되었습니다.
지금 인류는 여러 종류의 바이러스들 속에 갇혀 있으며
볼 수 없고 드러나지 않는 존재와 싸우고 있습니다. 아버지.
이런 환경에 노출된 저희를 지켜주십시오.
삼삼오오 모여 진행되는 소규모 모임도,
마음대로 외출하기도 꺼림직합니다.
아기들과 어린이들에겐 눈부신 햇빛이 내려오는 놀이터가 몹시
그립습니다.

아버지,
아버지께선 배고픈 사람들에게 콩나물국을 사주셨습니다.
비천하고 병들고 어리석은 자들을 보시면
'그들이 나의 사람들이다' 하시며 안타까워 하셨습니다.
뿐만아니라 동냥아치들의 얼굴을 씻겨주고 머리를 감겨주시던
아버지.
지니신 돈을 탈탈 털어주셨던 내 아버지(9:32)시여.
하나 하나 다 열거할 수 없을 정도로
저를 아버지의 살처럼 사랑하신 내 아버지.
오늘 밤에는 포근하게 이불 덮으시고 걱정을 잠시 내려 두시길
부탁드립니다.
'그래 수고했어. 너도 이제 눈을 붙여야지. 자거라.' 하시는
아버지의 목매인 음성을 들으며 밤 인사드립니다.

2

태을주로 마음을 열어

"내가 하늘보다 더 큰 사람이거늘"(2:70) 하신
내 아버지.
제 마음 안으로 가득 아버지께서 계시는 곳을 그립니다.
어느새 가을은 깊어져 하늘은 구름을 걷어내고 푸른 바다를
이뤘습니다.
"공부하는 마음은 깊은 물에 돌이 소르르 잠기듯 고요히
집중하라."(9:202)
이 말씀이 생각나는 시간입니다.

천지의 주인으로 오신 아버지.
시천주주와 태을주를 내려주셔서 감사합니다.
시천주주와 태을주를 일용할 양식으로 먹으며 살아가는
저의 일상은 이렇습니다.
태을주의 마음을 깊이 파고 또 깊이 파서(6:3)
타인에게 험담이나 민망한 말을 듣게 되어도 상처받지 않습니다.
그렇다고 상처 줄 만한 말로 되돌려주지도 않으며,
보이지 않는다고 타인의 허물을 말하지도 않습니다.
오히려 잘 감싸 안으며 상처에서 벗어나도록 도와줍니다.
이런 힘의 원천은 태을주에서 흘러나오는

영원한 고향 태을천의 향기를 입었기 때문입니다.
그 곳으로부터 내려오는 생명의 젖줄이
저를 먹여 살리기 때문이라고 제 마음 깊이 새겨 봅니다.

아버지.
태을주를 먹고 살아가는 저희는
상처받지도 않고 남에게 해를 끼치는 말도 하지 않습니다.
버럭 화내는 일에 조심하며 한두 번 더 깊이 생각을 합니다.
태을주 기운을 입고, 옳고 곧게 살아가는 태을랑이 되고
싶습니다.

태을주를 되내일 때면,
무장한 갑옷을 입은 아버지의 병사처럼
일상 순간이 긍정적으로 흘러가도록 지휘하고 있습니다.
태을주는 모르는 사이에 모가 나 있고 안쓰러운 저를 슬며시
치유해 줍니다.
태을주를 상처에 발라주시고 덧나지 않도록 해주십니다.
제가 마음을 다치면 저희 전체가 아프답니다.
저희는 하나의 태을주이며 매일 태을주로 새롭게 태어납니다.
삼신으로부터 받은 탯줄과 생명을 길러내는 젖줄인 태을주가
서로가 이어져 있기 때문입니다.

태을주 주문 기도를 할 때마다 죽은 세포가 살아나듯,
때 묻은 옷을 맑은 물에 빨듯이
신선한 새로운 생명으로 순환이 되는 것입니다.

저희는 생명의 본고향 태을천,
북극성으로 돌아가야 하는 숙명을 받은 자손들입니다.
저는 언제 어디서나 가슴에 품고 있는
사람의 생명을 구하는 일에 오롯이 투신할 것입니다.
그것이 저의 사명입니다.

우주 일 년 중에서 가을개벽을 맞는 우주의 하루를 생각합니다.
하루를 살펴보면, 여명이 밝아오기 전 새벽은 더욱 깜깜하여
혹시나 아침이 오지 않을 것 같은 칠흙의 어둠이라는 것을 알고
있습니다.
지금의 팬데믹 상황은 우주가 짜놓은 시간표입니다.
지구촌 가족들은 자연개벽과 인간개벽
그리고 문명개벽을 마주할 교차로에 놓여있습니다.
이 위기에서 태을주로 생명을 살릴 준비를 합니다.

아버지시여, 내 어머니시여.
이 깊은 진리의 의미를 많은
친지들과 이웃들에게 알릴 수 있는 기회를 열어 주세요.
아버지께서 적극적으로 도와주신다는 것을 알고 있습니다.
저의 걱정거리를 품고 계시는 아버지를 바라봅니다.

3
태을주는 거대한 복주머니

사랑하는 아버지, 편히 주무셨는지요?
오늘도 천지공사로 잠 못 이루었을 아버지께 편지를 씁니다.

아버지.
『도전』을 보면, 당시는 굶주림이 심했던 조선시대
말엽이었습니다.
아버지께서는 반찬과 양념장을 넣어 손으로 슥슥 비벼서
비빔밥을 드셨습니다.
그리고 떡을 좋아하셨던 아버지.
저는 떡을 찌는 시루를 잘 알고 있습니다.
유년 시절에 외할머니께서 떡가루를 시루에 넣고 찔 때
큰 시루를 구경한 적이 있습니다.
태을주는 이 세상의 모든 기도를 넣은 거대한 만두 주머니입니다.
또 거대한 잠수함 같은 시루솥도 됩니다.
어떠한 것도 이 시루 안에 안 들어가는 것이 없어요.
어떤 역경이 와도 저희에겐 떡시루 같은
태을주 복주머니가 있다는 것이 절대적인 위안이 됩니다.
저는 이 위대한 자랑을 지구마을에 전해야 할 의무를 느낍니다.
복주머니 태을주에 대해 모르는 이들에게

그 맛을 보여주고 싶습니다.
태을주는 모든 것이 들어있는 거대한 시루입니다.

금산사 미륵 부처님께서 시루 솥을 밟고 서 계신 이유는
인류의 삶을 밟고 계시는 것 같습니다.
시루에 푹 쪄낸 떡이나 만두 같이 감칠맛 나는 태을주입니다.
지금 여러 바이러스 병원균 침입을 받고 있습니다.
어려운 팬데믹으로 고통받는 지구마을 사람들에게
태을주가 보약이라는 것을 적극적으로 권해야 합니다.

근심이 가득한 아버지.
제가 먼저 태을주 맛을 봅니다.
깨어 있는 동안 태을주를 노래하며,
잠이 들어도 태을주 안에서 숨 쉬며,
젖을 찾는 아기처럼 생명의 젖줄인 태을주 양분으로
살아가고 있다는 것을 잊지 말아야 합니다.

"마음을 넉넉하게 먹어야 살지 쫄아진 마음에
그냥 어서 거머잡으려고만 하면 잡지도 못하고 도리어
죽느니라."(8:115)라고
아버지께서는 말씀하셨습니다.
아버지의 일침을 가슴에 새기고 곰곰이 생각합니다.
거머쥐려고만 하는, 경솔하고 품위 없는 행동을 기억하게 해 주세요.
이미 밤이 드리워진 창에는 강한 바람이 고여드는데,
그 너머에 계시는 아버지를 바라봅니다.

아버지께 드리는 짧은 이 편지는 한없이 아쉽습니다만
태을천 상원군님, 북두구진의 꿈을 어찌 잊겠습니까.
밤바람이 창을 흔드는 오늘 밤에는 귀염이 외동딸이
아버지 어머니께서 거하시는 안방으로 건너가렵니다.
호연성도님 주려고 아끼시던 그 달떡을
저도 한 입 먹으려고 안방으로 건너갑니다.
아버지, 안녕히 주무세요.

4

물 되고 꽃이 되어, 천지와 하나되는 숨

아버지, 벌써 일어나셨습니까?

새벽에 아버지께 콧노래를 불러드립니다.

제 콧노래는 나름대로 창작하여 흥얼흥얼거립니다.

들어보소서, 아버지.

목소리를 한 옥타브 높여 그레고리오 성가처럼

멜로디를 단순하게 합니다.

아버지께 기쁨 드리는 제 노래가 들리시는지요.

"훔치~, 훔치~…"

아버지께서 물로 다가오시면 저도 태을주로 물이 됩니다.

"훔치~, 훔치~…"

아버지께서 발아래 공기 돌이 되시면 저도 태을주로 공기 돌이 되고,

"훔치~, 훔치~…"

아버지께서 봄으로 다가오시면 저도 대지에서 새싹이 돋는

봄입니다.

"훔치~, 훔치~…"

바람으로 대지를 쓸어 주시는 아버지,

천지조화 풍운신장과 함께 저도 대지의 딸입니다.

태을주는 제가 조상님을 찾는 노래이며,

조상님들의 사랑과 한을 푸는 멜로디이며,
천지부모를 그리는 저의 젖줄이요, 밥입니다.
그리고
아버지께 올리는 저의 절은 하늘과 땅과 사람,
우주가 합덕하는 이치(9:67)라 말씀하셨습니다.
"내가 너 되고, 네가 나 되는 일이다."(11:6)
하늘과 땅과 인간이 비로소 한마음으로 드높여지면
원시반본으로 제 생명의 본고향으로 돌아가는 소원을 안고
오늘 밤도 잠시 몸을 뉘어 잠을 청합니다.

많은 기쁨 중에 소중한 열매는 아버지께서
저를 담금질하여 건강한 몸으로 만들어 주시는 것이지요.
7일 수행, 21일 수행, 49일 수행을 하라 하시며
49일 수행에서 알음귀가 열리리라 기대를 하시는 내 아버지시여.
일찍 잠들고 일찍 일어나는 일꾼을 가슴으로 쓰면서,
아버지의 딸이 된 기쁨을 전율합니다.

오늘은 아버지 곁에서 깨달음을 마음에 담아
목청을 아끼며 말을 멈추고 온몸을
흠없이 다듬어 『도전』 여행을 떠납니다.
배고픈 호연 성도님 주려고
아버지 손으로 조물조물 쥐어 주먹밥을 만드시는(2:127)
내 아버지에게로 뜀박질로 달려갑니다.
시공간을 건너 그 너머에 깨닫는 슬픔은
너무도 가난한 내 겨레. 내 이웃.

눈물 삼키며 아버지를 돕는 지혜를 곰곰이 생각합니다.

시간은 약속 아래 멀어졌다가 짧아지는데,
처음 시작인 아침에 늦게 기상하면 하루는 아쉬워요.
더 일찍 잠자리에 눕도록 노력하라는 아버지 말씀,
제 뼈에 가득 채웁니다.
그 말씀을 새벽나무로 마음 중심에 깊이 심으며
태을주 꽃이 피어 나는 날을 상상하면서
일찍 자리에 몸을 눕히겠다며 결심합니다.

하늘 마음의 태라천 내 고향 엄마집에서
비쳐오는 무지개를 봅니다.
그 광채는 내가 들숨 쉴 때 들어와
몸 상한 곳마다 멈춰 일합니다.
작은 존재들인 바이러스들을 지지고
내가 날숨 쉴 때 밖으로 밀어냅니다.
우주순환의 신비를
제 몸에 주셔서 아버지께 감사로 잠을 청합니다.
안녕히 주무세요.

5

태을주로 바꾸는 하루

사랑이신 아버지.
"흰구름 뜨거든 나인 줄로 알라."(10:80) 하신 말씀을 새기며
하늘을 우러러보는 시간이 많아졌습니다.
이렇게 기도를 해봅니다.
아침에 깨어나 눈에 들어오는 것 전부를
태을주로 샤워를 시켜야겠다고.
제 시선으로 보이는 때 묻은 모든 사물들을
태을주로 새 옷을 입히는 작업을 시작합니다.
창문을 두들기는 햇살을 거룩한 빛이 될 수 있도록
태을주의 힘을 걸어드리고,
물을 만질 땐 물에게 태을주를 넣고
제 손이 거룩하게 쓰일 수 있도록 손을 씻습니다.
바이러스들이 미끄러져 흘러가는 소리가 들리는 듯합니다.

싱그러운 공기에게도 미소 지으며 "훔~~~~" 하고
제가 소리낼 때면 비눗방울을 불어 날리듯,
방울에 달린 태을주의 음파를 메아리로 생각해 볼까요?
하늘과 닿은 곳까지 음파는 우주로 가득 채워질 것입니다.
묵묵히 서 있는 새벽나무에게도 말을 던집니다.

나무는 알고 있겠지만,
나이테와 가지 안에 물과 공기를 끌어올리는
작은 통로를 만드는 작업을 꾸준히 하는 새벽나무입니다.
그는 살기 위해 태을주로 수기를 저장합니다.

태을주는 생명을 낳고 기르며 수기를 저장하는,
인간에게 필요한 미네랄 영양소입니다.
나무에게 물이 필요하듯 저희도 수기가 마르면 살기 어렵습니다.
그래서 태을주를 읽을 수밖에 없는 운명입니다.
공기를 마셔야 사는 동식물처럼요.
그래서인지 나무에게 태을주를 들려주면
더욱 생기가 돌고 이파리들은 반짝반짝 응답을 합니다.
『물은 답을 알고 있다』라는 책 내용처럼,
말 못하는 나무나 물도 좋은 말, 아름다운 소리 파동에
사람보다 더 예민한 대답을 한다는 사실을 모두 알고 있습니다.
사람 몸의 7할 이상이 물이라서
태을주의 음파 "훔~" 소리를 들으면
평화롭고 안정이 되는 이유가 거기에 있습니다.

달을 바라보면 그리운 내 어머니… 엄마.
어느덧 저도 어른이 되었어요 엄마.
외할머니의 복룡수 사발에 맑은 물 가득 기도 소리가
이제 이해가 되는 듯 그 모습이 어른거립니다.
생각해보면 사발 속에 떠있는 달님은 하느님 아버지
마음이었어요.

지구마을의 모든 생명은 영원한 생명을 원하고 또 원합니다.
그러하기에 태을주의 신비로운 약초를 캐내어
영원한 생명을 얻도록
이웃과 같이 아버지께 태을주로 호소합니다.
감사한 마음으로 옷을 입고 벗으며,
태을주와 하나 되는 마음으로 신발도 신고 벗습니다.
모든 일상을 아버지와 함께 하며 감사 드립니다.

만약 태을주의 약효와 향기를 모른 채 글자와 숫자만으로
채운다면
그건 개골개골 개구리의 울음소리와 다르지 않습니다.
때로는 생명을 내주는 고마운 동식물들에게도 태을주를 전하고
생선을 손질할 때도 오징어에게도
이제 그만 옷을 벗고 더 나은 세상에서
진화된 생명으로 우리 다시 만나자 약속합니다.
미물을 만날 때도 태을주 생명의 옷을 입혀주며
영원한 생명을 같이 누리자고 말을 선물합니다.
창공을 나는 새들에게도 태을주를 알리며
때로는 새들과도 두 눈을 마주칩니다.

영원한 생명의 주인이신 하느님 아버지.
마음 놓고 기침도 제대로 할 수 없는 요즘,
마스크 너머에 바이러스들은 더욱 짙게 엄습해오는데
태을주가 어떤 생명의 힘인 것을 알면서도 가만히 있는 것은
아버지를 향한 제 사랑이, 진실한 태도가 아닙니다.

우주와 한마음으로 영원을 누릴 수 있는 태을주 기도를
깊은 호흡을 하여 몸안 깊숙이 오장육부에 한가득 담습니다.
저는 온몸이 마침내 태을주임을 일심으로 믿습니다.

뿐만아니라
친인척들과 이웃들에게도
숨겨진 태을주의 약초를 캐듯이 보내드립니다.
집에서 스위치를 켜고 끌 때,
밝음과 어둠의 경계에서 수고하시는 일꾼들에게 감사마음
드립니다.
감사마음 있기 때문에 진화된 문명의 신령님을 초대합니다.
제가 입고 있는 의복 태을주는 저를 아름다운 몸매로 진화하리라
믿습니다.
태을주의 광채로 맥박을 고르게 하며
제 영혼이 순결해지도록 백옥같은 소원들을 끌어 안습니다.
우주의 씨앗인 태을주와 하나 되기를 잊지 않도록 단도리하며
저를 온전히 맡깁니다.

유한한 생명을 가진 저희에게 무한한 생명을 내려주시려
조선 땅에 인간으로 오셨던 하느님 아버지.
유한한 생명계가 무궁한 생명계로 변화 되려면
과정과 진화라는 보물선에 승선하여
천지 부모의 젖줄인 태을주로 양분을 채우며
번데기가 나비가 되듯 이겨내야 합니다.
그래야 더 진화된 문명을 창조해 나갈 수 있는 능력이 생깁니다.

아버지께서 가르쳐 주시고 아버지께서도 읽으셨던 태을주.
하느님 아버지의 사랑을 일심으로 이어 받고,
제 일상의 평범한 생활을 송두리째 드릴 수 있는 지금
이 공간 속 시간의 흐름 위에서 감사를 드립니다.
심장 고동에 집중한 일심이 산산이 부서지지 않도록
가슴 안 호롱의 작은 심지에 불을 붙입니다.
주변이 환하게 밝혀집니다.

아버지.
저고리를 벗어 소매를 묶으시고
그 안에 잉어, 병어 등을 가득 잡아 오시어(2:108)
뼈까지 남기지 않고 다 드신 아버지.
헐벗던 시절, 인간의 육신을 입고
언제나 배고프셨던 불쌍한 아버지 생각에 눈물이 고입니다.
안녕히 주무세요.

6

모악산 청도제 호수 순례

어젯밤엔 창문 너머 설익은 계란 같은 보름달로,
그 보드라운 달빛을 사뿐히 밟고 초연히 서 계셨던 아버지.
신비스러운 진리의 길을 쉽게 알아듣도록 귓문을 열어주셨습니다.

모악산 끝자락 실바람을 타고 고요히 제 오두막 골방으로 오신
아버지.
모악산 중턱에 천지 생명 어머니의 양쪽 젖인
청도제 호수와 구릿골 금평제 호수여.
천지의 아버지, 생명의 어머니 태모님과 성도님들의
숨가빴던 지난 시간들이 호수의 물결 위로 찰랑거리며
150년 전 그 시절을 비추어 주었습니다.

하느님 아버지께서 천지공사 보실 때,
모악산 산줄기를 보시고 김형렬 성도에게
"젖은 양쪽에 있는데 물이 양쪽에 있느냐?" 하고 물으시니
"청도원 골짜기에 물이 많습니다." 하고 말씀드립니다.
그리고 구릿골 앞에도 깊은 소沼가 있다고 말씀드립니다. (4:105)
훗날 아버지의 말씀 그대로 골짜기 물이 가득 채워져
금평제 호수와 청도제 호수로 아름답게 펼쳐졌습니다.

저희는 지금 이곳에 순례 차 모였어요.
아버지 천지공사의 성업을 따라 순례하고 있는 지금,
호숫가 하늘 위엔 흰 구름 한 송이가 날아와 흐르고
어디선가 아버지의 입김 같은 미풍이 저희의 뺨을 어루만져
주었습니다.

인류가 빚은 원과 한을 해원시켜 주시고자
질곡을 헤매이셨을 아버지 하느님, 증산 상제님이시여.
인류의 멍에를 먼지처럼 자취도 없이 사라지게 하셨던
하느님의 몸부림.
구릿골 약방을 여시고 그렇게 9년에 걸쳐
그 어려운 천지 가을개벽 공사를 행하셨습니다.
인류를 추수해야 하는 생명의 과업을
태모님과 성도님들에게 남겨 두시고
슬픈 미소를 설핏 띄우시며 애절하게 떠나신 아버지.
성지 순례로 신비한 생애셨던 천주님의 한없는 하늘마음을
더 가까이, 곁에서 흡수하듯 이해할 수 있었습니다.

아버지께서 금평제 호수와 청도제 호숫가에서 함께 계셨음을
체험하고,
그리움을 품고 집을 향해 저녁 기차에 올랐습니다.
뒤로 달아나는 차창의 어둠을 보면서
150년 전 천주님께서 몸소 인간으로 강세하시어
가을철 새로운 문화를 열어주셨다는 것을 확인했습니다.
하늘과 땅의 정사政事를 친히 다스린다 하셨고,

장차 군사부君師父가 하나가 되는 세상이 온다고 강조하셨습니다.
아버지께서 오신, 바다로 둘러싸인 간방艮方의 땅, 이곳 조선.
동방 군사부 문화의 주인인 우리 조선 땅에 친히 오셨음에도
상제님을 알아보지 못하고 거부해 온 지난 역사.
제 마음은 도리어 슬픈 여정의 길이었습니다.

어린 소년 복남에게
"너는 귀먹고 벙어리여야 산다.
남이 욕하고 뭣 해도 너는 착하게 살아야 한다."
하시며 머리 쓰다듬어 주시고
힘들다 하면 봇짐도 대신 들어주신 아버지.(1:72)
아버지께서는 어지럽던 조선 말기에
고통받는 많은 환자들과 생명들을 살리셨습니다.
친구 안필성과 김형렬 성도님을
동학란에서 구사일생으로 수 차례나 구해주셨습니다.
난산으로 거꾸로 나오는 아기 발을 보시자
아기의 발에 침을 놓아 산모가 순산하게 하셨고,
병고에 시달리는 수많은 환자들을
안타까이 여기시어 모두 고쳐 주셨습니다.
사람 생명을 살리는 일에 온 힘을 다하신 상제님의 모습을 떠올리며
생명을 구하는 일이 무엇보다 가장 중요한 일임을 깨닫게 됩니다.
남의 생명을 살리려면, 우선 내 몸이 건강해야 하기에
변이 바이러스를 엄중히 다루시는 신장님들에게
시천주주와 태을주로 위로 인사를 드립니다.
또 바이러스를 주관하시는 신명님들께

칠성경과 개벽주의 아름다운 호소문을 바칩니다.

아버지.
친히 인간의 몸으로 오신 아버지께서는 저희에게 무극대도의
본원주인 시천주주와 천지의 약주문인 태을주를 전해주셨습니다.
모악산 청도제 순례를 하는 동안 우주 안에 가득 찬
시천주주와 태을주의 열기가 느껴져 몇 번이나 가슴으로 배례를
드렸습니다.
거칠기도 하고 부드럽기도 한 온갖 나무들도
저마다의 고유한 모습대로 꽃을 피우고 열매를 열게 하시고,
모든 나무들을 춤추게 하시는 신장님께 저녁 인사를 드립니다.
순례를 마치고 돌아오는 밤.
노란 물이 뚝뚝 떨어질 듯한 둥근 보름달님을 보셨는지요?
"수고했구나." 하시는 아버지의 자상하신 목소리가 제 귓전에
울립니다.
안녕히 주무세요.

7

시천주주와 태을주

아버지. 편안히 주무셨습니까? 간밤엔 어떤 꿈을 꾸셨는지요?
"허리띠 졸라매고 뒷문 열고 바라보니 봉황이 지저귄다.
허튼 마음 거머잡고 죽기로 찾았으니 조금도 걱정마라."(10:81)
머리카락 사이로 사람들이 마치 돼지, 개 등
온갖 짐승으로 보여지게 하시던 아버지(1:75).
욕심을 품은 사람은 어떤 동물로 비쳐지는지 잘 보여 주셨습니다.
『도전』에서 이 대목을 읽고 놀라지 않을 수가 없었어요.
'욕심이라는 것도 또 다른 질병이구나' 하고 느꼈습니다.
욕심을 내려놓기 위해,
아버지께서 주신 시천주주와 태을주로
매일 매일 제 분수에 맞지 않는 과분한 열정을 가다듬고
마음을 읽는 지혜가 밝아지도록 수행 공부를 하겠습니다.
제 분수를 모르면서 변명을 입에 달고 사는 버릇도
자신에 대한 지나친 이기심이라는 것을 깨달았습니다.
과분한 욕심에서 자유롭게 살도록 해주시고
적당한 선에서 끊고 맺음을 적절히 잘 할 수 있도록 이끌어주세요,
아버지.
무엇이든 늦은 시작도 하지 않는 것보다는 낫듯이,
오늘 다시 새롭게 일어나야 한다고 생각하며 허리를

곧추세웁니다.
책상에 앉아 『도전』을 읽으며
150년 전의 정읍 시루산 언덕으로 달려갑니다.

하느님 아버지께 편지를 쓰는 동안,
제 심장에게 멈추지 말라고 명령을 내린 적이 한 번도 없는데,
심장은 잠도 자지 않고 두근두근 변함없는 고동을 멈추지
않습니다.
생명의 시스템은 참으로 위대하고 우주에서 가장 존귀합니다.
제 몸의 모든 기관들은 각자의 역할을 맡아
쉼없이 활동하고 긴밀하게 연결되어 있습니다.
대장과 소장은 둘 다 소화기관이지만 역할은 다릅니다.
대장은 소장에서 넘어온 음식의 수분을 흡수하여 소화를 시킵니다.
저는 대장에게 잠도 자지 말고 일하라 말을 한 적이 없습니다.
위장에게 소화액을 내보내라고 명령을 내린 적이 단 한 번도
없습니다.
그럼에도 몸 안의 모든 기관들은
맡은 바 역할을 알아서 충실히 하고 있습니다.
몸 안에서 저절로 움직이며 순환하는
이 신비에 대해 항상 너무나도 궁금했습니다.
한끼 식사를 하고 소화를 시키는 데도 수많은 기관들과 세포들이
활동을 합니다.
저마다 각기 역할은 다르지만
살아야 한다는 생명 공동체 운명으로 영양공급을 위해 서로에게
협조를 합니다.

그리고 발 걸음 한 번 내딛는 것조차도

신명들의 허락 없이는 불가능하다는 것을 경험합니다.

이것이 이理, 신神, 사事라고 하는 이치가 아닌지요?

이, 신, 사는, 대지 안에서 일어나는 모든 일들은

신명님들의 손을 거쳐 인간과 함께 작용한다는 것이지요.

세상에서 일어나는 일들 뿐 아니라,

우리 몸에서 일어나는 모든 작용들도

신명님들과 같이 숨 쉬고 같이 소화액을 보내고 흡수하고 배출하고,

이렇게 신명님들은 내가 잠을 자고 있는 시각에도 역할과 세포의 활동으로

긍정적인 순환이 이루어지는 것입니다.

쉽게 표현을 하자면 신명들은 에너지요 기氣라서

신명님을 돕는 방법은 내 몸을 맡기는 것입니다.

60조 개의 세포 속에 사는 신명들이

몸 안에서 각기 제 역할들을 하신다는 생각만으로도

제 몸은 정녕 제 것이 아닌 것입니다.

가치 없이 사용되지 않도록 하고, 몸을 혹사하지 말고,

감사하는 마음으로 거룩하게 몸을 만들어야겠습니다.

인간은 작은 우주이며 마땅히 존중받아야 할

존귀한 존재인 이유가 여기에 있습니다.

굶주린 사람에게 내 창자까지 꺼내 먹이고 싶다 하시고,

배고픈 이들을 보면 가여워 눈물지으셨던 아버지.

모든 인간은 태어나기 전부터 준비되고 기획된

아버지의 신묘한 예술작품이라는 생각을 거듭해봅니다.

제 몸 마디마디에는 영적인 조화 신명님들의
지극히 정성스러운 보살핌이 계시다는 것을 확실히 깨달으면서
몸 마디 마디마다 존경을 드리게 됩니다.
제 몸은 저만의 것이 아니라
삼신하느님께서 보내주신 거룩한 신성체입니다.
몸을 과로하게 하거나 천하게 대하지 말아야겠습니다.
제 몸의 60조가 넘는 세포들을 관장하시는 신명님들을 모시고,
삼신님께 받은 몸임을 새롭게 깨달아
기회가 주어질 때마다 자신을 돌아보며 반성의 시간을
가져야겠습니다.

어린 시절, 외할머니께선
제가 배가 아프다 하면 할머니 무릎에 머리를 베고 눕히시고
"니 배는 똥배, 내 손은 약손" 하시며
따뜻한 손으로 배를 살살 만져 주셨습니다.
그러면 정말로 씻은 것처럼 나아버렸습니다.
그럴 때면 할머니는
"내 손엔 신명님들이 붙어 있어 그렇단다" 하셨어요.
눈에 안 보인다고 믿지 않으면 화를 당한다 하시고
눈에 안 보일수록 더 존경하는 마음을 드릴 때
하늘은 아시고 몇 배의 복을 내려 주신다고 하셨습니다.
조상이 안 보인다고 박대하거나
무시하는 말로 섭섭하게 해드리면 안 되겠다는 마음을 이때
배웠습니다.
복이란 역시 눈에 안 보이는 힘, 긍정적인 에너지라는 걸

체험합니다.

지금 저희 현대문명은 세계 경제가 서로 연결되어 있기에

한 곳이 무너지면 다른 지역도 타격을 입게 되고,

한 곳이 붕괴되면 함께 붕괴를 맞이하게 되는 구조입니다.

이런 시대에 팬데믹은 끔찍한 위기입니다.

가족과 이웃들이, 파괴력이 강한 바이러스로 인한 고통을 견뎌야

합니다.

지금의 팬데믹은 반드시 저희가 극복하고 지나가야 할 과정일

것입니다.

이 팬데믹은 어쩔 수 없는 인간의 운명이며,

좋은 생각과 착한 마음을 가지고 인간의 씨종자를 추려내는

우주의 시간표이며 위기의 시간대임을 알립니다.

급변하는 형세를 깨달으며

앞으로 열리는 새로운 조화세상의 광명을 품고서 공부하겠지요.

아버지께서는, 공부는 무엇보다 욕심을 접고,

내 자신을 선으로 이끄는 긍정적인 마음으로

모든 변화를 이겨서 광명을 얻어야 된다(6:132)고 하셨습니다.

무엇보다 팬데믹을 이겨내는 데는

긍정적인 생각에 집중하고

건강을 해치지 않는 좋은 습관을 기르고

수행을 통해 자신의 변화를 체험하면서

내 몸이 먼저 개벽되는 시간을 느낍니다.

자기 자신은 예전 그대로이면서

타인에게만 변하라고 하는 것은 옳은 일이 아닙니다.

아버지.

태을주는 대우주의 뚜껑,

북두칠성으로 장엄하게 여물어 있습니다.

그래서 4계절이 바뀌어도

우주의 하늘에서 그 자리 그대로 있습니다.

태을주는 모든 질병으로부터 사람을 살려내는 특효약이며,

대우주 은하수로 흐르는 엄마의 젖줄입니다.

실제로 모유는 삼신께서 넣어주신,

면역력을 높여 질병을 이겨내게 하는 천연의 백신이기도 합니다.

천지 어머니는 이 팬데믹으로부터 자식의 울음소리를

모른체 하실 수는 없습니다.

태을주는 시공간을 뛰어 넘어 북극성까지 일순간 닿을 수 있는,

심금을 울리는 절절한 호소가 담긴

엄마 찾는 아가의 우는 노래입니다.

또한 원과 한으로 찌들어 살아온 생활을 깨끗이 씻어내고

개벽이라는 새로운 변화의 시간대에

신명님들과 같이 하나 될 수 있는 빛고리의 광채입니다.

그래서

태을주 문화를 일상생활의 모든 부분에서 새롭게 창조해야 합니다.

저희는 기필코 동방 신교문화 종주국의 위대한 긍지를 살려낼

것입니다.

그래서 점차적으로 전 지구마을의 인재를 길러내어

우주의 가르침인 하늘과 땅과 인간의 내면으로부터 흘러나오는
신교 선仙문화의 근원에 헌신할 것입니다.

인류 역사의 뿌리를 바로 잡고 병든 천지를 바꾸는 개벽을 통해
인간과 신명들을 구원하기 위해 오신 아버지께
영광을 드려야 한다는 생각이 가득합니다.
불경에서 '말법시대에 들어서면 태양도 달도
그 빛을 볼 수 없게 되고 별들의 위치도 바뀌고,
고약한 병들이 잇따라 번진다, 미륵불이 바다에
둘러싸인 동방의 나라에 강세하신다'는
그 말씀대로 저희 땅에 오신 아버지십니다.
지구마을에 일심을 가진 진실한 일꾼들을 탄생시켜
손에 살릴 생生 자를 쥐고 아버지의 일을 하게 하시어,
"나의 일은 남 죽을 때 살자는 일이요,
남 사는 때에는 영화와 복록을 누리자는 일이로다."(8:117)
하신 말씀 그대로 이뤄질 수 있도록 저희를 도와주옵소서.
태을주는 저에게 말씀하십니다.
그동안 한없이 부족했던 우주광명의 신학공부를 끝없이 하라,
지금이 바로 그 출발점이라고 거듭 이르십니다.

아버지.
태을주에 대해 수천 번 거듭 말하고 싶지만
그중에서도 가장 먼저 표현하고 싶은 것은
'태을주는 천지 어머니의 젖줄'(7:73)이라는 것입니다.
그리고 생명의 기운을 받는 원동력이 『도전』입니다.

빛나는 태양과 깊은 바다를 상상해봅니다.
태을주 '훔' 소리와 영원한 생명의 멜로디 안에서 비치는 광채는
괴질신장을 감동시킬 것입니다.
생활습관의 개벽과 매일 건강을 단단히 챙기는
부지런한 개벽이 이뤄질 것입니다.
태을주 수행을 하는 동안에 제 몸 안으로 마신 가득 찬 공기를
심장을 통하여 우주공간의 은하계로 흘려보냅니다.
태을주 수행은 보이지 않는 시공을 초월하는 우주선의
훈련입니다.

아버지.
태을주는 인간의 절제된 언어로 된 생활의 열쇠입니다.
심오하고 광채에 싸인 또 다른 세상을 열 수 있도록
축복을 해주시는 아버지.
"이제 판을 굳게 짜놓았으니 목만 잘 넘기면
좋은 세상을 보게 되리라" 하신
아버지 말씀대로 좋은 세상이 열리리라는 희망을 간직하고
있습니다.
높아진 가을밤 하늘에 흩뿌려진 별들의 오색 빛들을 바라보며
태을주와 하나 되어 잠듭니다. 편히 주무십시오.

8

시간의 열쇠

"흰 구름이 떠 있으면 내가 있는 줄 알아라"(3:315) 하신
그리운 하느님 아버지와
도운의 첫 씨를 뿌리신 생명의 어머니이신 태모 고 수부님.
물항라 빛, 늦가을 하늘은 찬바람을 끌어모아 드높아졌습니다.
저편 어디선가에 흰 구름 한 점 노닐며 흐릅니다.
쇠바람이 깊어지면 구름조차 흡수해 버리는 겨울날을 곧 눈앞에
두었어요.

조선 말기에 인간의 몸을 받아 잠시 머물다 가신 내 아버지시여.
오늘은 어디쯤에 왕림하셨는지요.
인간 농사 열매맺는 가을개벽은 창문을 두드립니다.
병란의 폭풍이 곧 닥칠 거라 일러 주시고
저희가 서둘러 천지도수 통공부를 하도록 도와주시는 아버지.

오늘은 잠시 바깥바람을 쐬며 산책을 했습니다.
손끝 발끝이 시린 쪽빛하늘의 끝을 보며
생명의 아버지와 무극대도의 종통을 이어받으신 어머니 생각이
간절해집니다.
아버지께서는 "들을 때에 명심하라."(5:427)고 하셨고,

어머니는 "느닷없이 생각나서 읽는 글이 도수 맡아 오는 글이니
명심하여 감격하라."(11:224)고 하셨습니다.

평소에 '음식을 꼭꼭 씹어 먹어라'는 말은 어른들에게 종종 들었던
말입니다.

『도전』에서 전하는 아버지 말씀들을 소처럼 되새김하며
그 단맛이 제 가슴에 스며들게 하고 있습니다.

앉을 때나 걸을 때나 설 때나 지친 몸 누일 때도
상제님과 태모님을 깊이 품고서
시천주주와 태을주 고향 마을의 큰 꿈을 꿉니다.

보시겠습니까?

우주는 아버지의 물결로 저에게 넘치도록 치대어 주시고,
구천 바다, 대지 위, 창공에서 전능하신 아버지와 눈부신 성도님들이
9년 동안 조직하신 천지공사 지구 잔치를 알려주려고 합니다.

저는 이 기운을 느끼며 마치도 번뜩이는 천지공사의 광맥을 찾은
것입니다.

매일의 현실과 조화신명의 세계, 우주의 순환을 겹쳐서 곰곰이
생각합니다.
바람의 길 따라 일상의 사건들 닥칠 때마다
성운 은하계에 임하신 신장님들과 더불어 살고 있는
이 땅 지구마을에서 장차 새 세상이 열리겠다는 느낌에 젖습니다.
저는 초립동의 마음으로 인류 역사 대변혁의 조화정부가
우리 땅을 중심으로 이루어진다는 희망이 실현되리라 믿습니다.
그 이유는 이 땅에 아버지께서 신명조화정부를 세우는 공사를
보셨기 때문이지요.
역사공부를 하며 알게 된 것은
동방 조선 땅은 지리적, 문화적으로 아주 특별한 곳이라는
것입니다.
시천주주와 태을주를 중심으로 한 새로운 법방이
인류 역사의 중심인 동방 우리 땅에서 나온다는 현실을 뒤늦게야
알게 됩니다.
의통공부에 매진하여
시천주주와 태을주가 전해 주는 핵심 뿌리로부터
양분을 든든하게 공급받는 일꾼들이 이어지고 있다는 사실도
알게 되었습니다.

아버지.
훌륭한 일꾼이 되는 것은 저 혼자만의 힘으로 되는 것이
아닌가봅니다.
아버지의 일꾼이 되는 길은 이미 정해져 있습니다.
태을천의 명령을 받들어 생명의 탯줄로 빚어져

이 세상에 탄생할 때 이미 정해졌습니다.
내가 되고 싶다고 일꾼이 되는 것이 아닙니다.
'언제 어느 때나 나를 항상 잊지 말라' 하신
아버지의 인간적인 절절한 호소를 제 뼈와 살 속에 오롯이 다시
새깁니다.

평범한 흰 구름이 잠시도 쉼 없이
다양한 모습으로 변하고 있는 오늘 오후에
저에게 시인이 되어 오신 내 아버지시여.
어제는 흰나비로, 오늘은 유순한 샛강바람을 이끌고,
쪽빛 하늘 구름으로 변신하여 저에게 다가오신
조화造化의 주인이신 하느님 아버지.
저희는 하나같이 아버지를 닮은 자식들입니다.
아버지는 저희의 하늘이십니다.
우주이십니다.

전파력이 더욱 강해질 바이러스를 무사히 넘길 수 있는 보호막은
오직 태을주밖에 없다는 것을 거듭 알아가고
수행으로 다져진 몸에 호흡으로 꿰매어 지탱하는,
저 자신에게 맞는 시천주주와 태을주의 세포 갑옷을 입고
있습니다.
흰 구름이신 아버지.
저도 하얀 구름으로 생명의 태모님에게 문안인사 올리려고
흘러갑니다.

자식된 도리로써,

아버지를 비춰드릴 거울이 되어야 하는 것은 마땅하지만,

부족하기 그지없는 딸의 몸과 마음을

『도전』으로 다질 수 있도록 살펴주시옵소서.

저는 한겨울의 푸른 하늘 같은 아버지의 거울이 되렵니다.

공간 속, 시간 속으로 투신하는 방법은

『도전』 속에 있다고 다시금 끄덕입니다.

이유는, 마음이 열리는 시간이 찾아오면,

집중의 열쇠로 『도전』을 열어야 합니다.

말씀대로 시천주주와 태을주에서 받은 집중의 선물이

중요합니다.

아버지께 감사한 마음 전해드리고 싶어서

허리 굽혀 읍배 드립니다.

잠드시면 꿈을 꾸셨던 아버지.

'오색구름이 이리 가고 저리 가고 길 찾아다니는 모습'(3:306)

아래 오색 꽃 피는 꽃밭 꿈 꾸시옵소서.

9

진솔한 마음 안에 일꾼의 역할로

"나의 도가 얼마나 괴로울까."(8:8) 하시고
무엇을 속으로 읽으시며 한없이 슬퍼하신 아버지.
'나의 도'라 하심은 아버지 당신 자신이십니다.
세상 사람들이 우리 땅에 잠시 인간으로 다녀가신,
우주에서 가장 높으신 아버지를 모른 채
지금 세상이 문 닫게 되었으니
아버지 속이 얼마나 타고
괴로움으로 속살이 에일 듯 힘드실까 생각하게 됩니다.

"백성의 근심이 내 근심이니라."(3:312) 하신
연민 가득하신 아버지시여.
오늘 아침, 저곳이 보이세요?
창밖에 작은 참새 여러 마리가 무리지어
어디론가 날아갑니다.
태을주로써 저희에게,
생명을 살리는 길로 인도하시는 아버지를
저의 친절과 부드러운 미소와 겸손한 태도로 이웃을 모십니다.

인류 문화의 종주국인 우리 한민족의 시원 역사를 알려주는

『환단고기』의 「삼성기」를 읽고 또 『도전』을 읽습니다.
아버지께서 특별히 인간의 몸을 받아
우리 땅에 탄강하셨다는 사실을 전혀 몰랐으나,
이제 저는 긍지와 자랑을 합니다.
인간 역사의 중심이 될 거룩한 땅.
우리 조선 땅이라는 사실을 알게 되었기에
더 공부를 해야겠다는 애착과 더불어
지금의 현실이 암울하게 다가와 마음이 무겁습니다.
'이스라엘의 예루살렘에서 아들 예수님이 탄생하였다면
아버지께서 동방 조선 땅에 오시는 것은 당연한 이치이지' 하는
속삭임이 들립니다.
이처럼 특별한 사명의 땅 한국에
미래의 무한한 희망을 열어주셨다는 것을 알고 나니
'참 다행이구나, 이제 파벌싸움은 접고 행복해야 할
나라가 우리나라구나' 하며 자신있게 외칠 수 있습니다.
이러한 열정을 움켜쥐고서,
밤하늘에 마중 나온 노란 달님에게
우주변화의 근본정신인 생장염장을 공부할 수 있는 기회와
지식을 담는 뇌의 구조적 변화를 열어 달라고 빕니다.

아버지께서는 "해와 달이 나의 명을 받들어 운행하나니,
하늘이 이치를 벗어나면 아무 것도 있을 수 없느니라."(2:20)고
말씀하셨습니다.
천지의 모든 이치는 극과 극, 반대와 반대가 맞물려
음양의 조화로 순환한다고 하셨습니다.

이 말씀은 현대 물리학과 과학의 기초이며
모든 사물과 우주 탄생의 근본 법칙이라고 합니다.
이러한 이치를 고스란히 『천부경』을 통해
우주가 만들어 낸 불변의 틀을 헤아려 볼 수 있다고 하십니다.
초롱초롱한 별들에게 우리나라의 운명과
우리의 전통적인 역사를 바로 세우기 위한 소원이 이뤄지리라
빌어봅니다.

제가 개벽 시간에 되도록 깨어 있고,
한결같이 변치 않는 일심으로 내적인 힘을 길러야겠습니다.

건강하게 이 시간대를 잘 살아내야
저 창공에 비치는 엄마와 그리운 조상님들께서도
전부 살아남게 된다는 이치를 제 스스로 터득하게 되었습니다.
이것이 순환이며 우주의 원리라는 것이 저절로 이해가 됩니다.
제 생명은 조상님들께서 나눈 세포들과 깊이 연결되어 있다는 것은
당연한 길이라 조상님들을 위하는 일상이 소중한 하루,
24시간입니다.

조상님들을 생각하여도 내가 과연 내가 아닌 신비시간을 느낍니다.
대대로 이어지는 이 내림의 끈을 더욱 튼튼하게 하는 것이
저의 임박한 과업이라는 것을 알고 있습니다.

그런데 저는 부끄럽게도 제 조상 3대 위로는 이름자도 모릅니다.
전엔 당연하게 생각했던 일이 무관심이란 것을 알고

부끄럽습니다.

3대의 위 조상님들의 이름자와 그분들의 일도 알고 싶어졌습니다.

저도 비슷한 일을 하고 있을 것만 같기 때문입니다.

그런 앎이 얽히고 설킨 내 삶을 이해하게 되고 진실하게 사는데
도움이 됩니다.

현재의 내 삶은 어머니, 아버지, 할머니의 못다 한 삶이기도
합니다.

이보다 더 기쁜 삶의 보람이 어디에 있을까요.

아버지.

철없는 제가 이러한 편지를 드리는 것은 어찌 보면

모래 위 조가비 안에 광활한 바닷물을 담으려는 것과 같습니다.

바다를 제 몸에 다 넣을 수는 없지만,

바다에 저를 잠기도록 할 수는 있습니다.

그러면 저도 바다와 하나가 되기에

힘겨운 병란에서 이겨낼 생명의 힘을 바다로부터 받을 것입니다.

무수한 성운들에게 올리는 아름다운 기도의 바다가

저와 하나가 된다는 것을 깨달았습니다.

이제라도 제가 할 수 있는 일이란 『도전』에 활동하신

아버지를 알리는 일입니다.

제가 유일하게 할 수 있는 일이란

소소한 일들을 진주처럼 실에 꿰어

아버지께 편지 쓰는 일입니다.

보살펴 주시옵소서.

사랑하는 아버지시여.

1만 년 역사를 가진 우리 한민족은 소도와 경당문화의 원조이며,

동방문화의 주인공이 바로 우리 한민족이었습니다.

이제 다시 후천 세상의 경당문화를 열 때가 눈앞에 와 있습니다.

아버지의 찬란한 태을문화를 다시 창조해야겠습니다.

아버지의 조화문화를 알리는 오솔길을 밟게 하여 주옵소서.

1만 년 세월을 흘러 다시 일어나는 위대한 성신들의 힘!

동생 승희 그림

태을주는 역사 뿌리 찾는 주문이요,

'훔치'는 아버지, 어머니 부르는 소리(9:199)라고 하신 말씀이

제 뇌리에 선연히 새겨집니다.

때를 맞아 세계만방에 태을주를 드러내고,

우주의 주재자 아버지께서 강세하시어

인류구원의 새로운 문화와 미래의 조화 신명세계를 여신

천지공사의 기쁜 소식을 모든 지구촌 마을에 전해야겠습니다.

천하창생을 살리는 조화주문 태을주(11:387)를 싼 보물 보자기에

태을주의 위대함을 담아 우주일가의 후천선경(7:1),

인류 새 질서의 탄생을 알려야겠습니다.

그믐달이 저에게 응답해주고 은하수도 비단을 펼친 듯합니다.

아버지, 어머니.

오늘도 저희를 살리시느라 고생 많으셨어요.

편히 주무십시오. 안녕히.

10
발효된 딸로

아버지. 일어나셨습니까?
"이제 전에 없던 별놈의 병이 느닷없이 생기느니라.
이름 모르는 놈의 병이 생기면 약도 없으리라.
여기 사람들은 콩나물처럼 쓰러지느니라. …
그냥 가만히 앉아서 눈만 스르르 감고 쓰러지느니라."(3:311)

아버지.
저희 어찌 살라고 이렇게 무서운 바이러스들이
대거 침범을 하고 있는지요?
한없이 그리운 아버지.
아버지 말씀이 계신 지 150여 년이 지난 지금,
지구마을은 변이 바이러스 팬데믹으로
수많은 사람들이 생명을 잃어가고 있습니다.

아버지.
아침마다 특히 숨을 쉴 때 집중합니다.
긴 호흡으로, 열려 있는 폐의 구석까지 벌리며
아버지 어머니의 손길이 가득한
신선한 시천주주와 태을주의 자비로움에 젖게 합니다.

이어 공기를 안으로 마시며 아버지와 어머니께서
제 깊은 호흡과 함께 오심을 감사하게 생각합니다.
우주에서 내려다보시면 저 또한 바이러스보다 작습니다.
흔적도 찾기 힘든 저의 존재, 하지만 저는 뚜렷이 존재합니다.
바이러스보다 더 작은 존재인 저는
바이러스와의 전쟁을 태을주 방패로 막습니다.
"모든 약기운을 태을주에 붙여 놓았나니,
만병통치 태을주니라."(3:313)
하신 말씀을 다시 한 번 확인하며
바이러스의 백신을 구한 것처럼 위안을 받습니다.

빛이 노골노골 모여 놀고 있는 어떤 마당으로 저를 데리고 가십니다.
남쪽지방의 긴 가옥, 창가에 심어둔 꽃나무에는
붉은 분꽃들이 정겹게 매달려 있어요.

2020. 3.

바닥에 붙은 듯 낮은 채송화들의 재잘거림,
석양의 짜투리 구름들을 숨겨놓은 하늘,
여름날의 핏빛 봉숭아 꽃들,
여름 더위에도 지지 않는 색종이 같은 백일홍들이 화단을 지키고
있습니다.
그리고 현관 양옆으로 연보라빛의 무궁화 꽃이
만발하여 피어있는 낯익은 저의 유년시절입니다.

아버지, 생각이 나시지요?
아직 감이 열리지 않는 앳된 감나무 한 그루,
마당 한가운데 버티고 있어요.
4~5살의 손녀가 외할머니의 치마꼬리를 잡고서
뒤를 따라 다니며 할머니와 정다운 이야기를 나누고 있어요.
여름날, 창문을 때리는 소나기 빗소리가 창가에서 들리고,
"훔치~ 훔치~" 노래 소리 흥얼거리던 할머니는
토닥토닥 외손녀의 잠투정을 달래십니다.
빗소리가 '훔치~ 훔치~' 노랫가락과 화음을 이룰 무렵,
꼬마는 그 소리에 귀기울이다 할머니 무릎을 베고
소르르 잠으로 빠져듭니다.

뒷마당 수돗가 위로 정갈하고 소박한 장독대가 있는데
할머니는 항아리 뚜껑을 열 때마다
"잘 계십니꺼?" 하고 마치 사람을 대하듯 인사를 하셨습니다.
어깨를 다독이듯 된장 항아리며 고추장 항아리들을
어루만지며 살피시는 것을

작은 소녀의 가슴에 시공간을 초월하여 상기시켜 주십니다.

"할무이, 누구하고 말해?"

"삼신께서 장을 담가 주시니까. 인사를 드려야제.

항아리 안에는 신명들이 사시지, 하모." 하셨습니다.

항아리마다 신명님들이 존재하신다고 믿으신 할머니.

참으로 서정적이고 목가적인 모습입니다.

장 담그기 전 외할머니는 목욕재계하고

머리는 정갈하게 동백기름을 발라 따시고 은비녀를 꽂아 쪽을

지셨습니다.

외할머니께서 말씀하신,

삼신께서 하시는 일은 재료를 삭히는 것이지요.

숙성시키고 발효시키는 일을 하시는가 봅니다.

본래 콩은 없어지고, 전혀 다른 맛을 내는

또 다른 형태인 된장으로 변화, 즉 개벽됩니다.

콩이 개벽되지 않고서야 어떻게 된장이 되겠습니까.

소금의 역할은 숙성을 시키는 것인가 봅니다.

사람에게도 숙성시키고 발효시키는 삼신이 계십니다.

사람에게서도 영적 효소가 나옵니다.

나만의 역할, 나의 인성의 맛을 내는,

시천주주와 태을주로 숙성하여 전혀 다른 맛을 내는 인격의 진화.

어느 누가 인간다운 감칠맛을 내도록 변화시키는 힘을

주겠습니까.

우주의 주인이신 아버지의 힘이 아니라면

숙성된 인격으로 변화할 수 없습니다.

개벽시간에 저희가 맛깔스럽게 잘 숙성된 된장이 되어
아버지 상제님의 천지공사로 푹 발효시켜 놓으신 장독을
인류에게 열어주어야 합니다.
우리에게 인간의 맛을 내는 조미료 역할을 원하시는 아버지.
누구에게나 『도전』을 알리고,
앞으로의 괴질 병란에 대비하여
가족과 이웃들의 생명을 많이 살리라는 아버지의 애타는 호소가
아닌지요.
아버지의 일꾼이 되겠다고 결심한 마음이
나팔꽃 피어나듯 이어지길 바랍니다.

앞으로 개벽세상이 온다는 믿음과
변함없는 일심을 태을주로 채웁니다.
대지 위로 서서히 닥쳐오는 어둠의 병란, 팬데믹 쓰나미의 파장을
인류의 생명의 젖줄인 태을주로 견디어 가겠습니다.
이 팬데믹의 시간을 겪으면서 죽음에 대한 두려움과
무너지는 경제에 대한 불안감, 후회와 우울증을 낳는 원인 등
예전에 생각지 못했던 많은 것들을 알게 되기도 합니다.
인간의 욕심에 의해 파괴된 자연환경도 문제지만
자연적인 재난도 이에 못지 않습니다.

우주 시간표, 우주 1년 인간농사에서
가을에 인간열매를 맺는 시간임을 절절 깨달았습니다.

아버지께서는 김형렬 성도님과

친구인 안필성 성도님을 살리셨습니다.

동학군을 닥치는 대로 학살하던 그때에

생명의 위험을 무릅쓰고 그 성도님들을 계속 피신시키셨습니다.

마음을 돌리게 하시려고 동학 전쟁터에서

일곱 번이나 그들의 생명을 구해주셨습니다.

지금 이 병란에서 저희 생명을 구해 주시기 위해

아버지 품안으로 피신시키시는 내 아버지시여.

저희도 지구마을에 도사리고 있는 병란 팬데믹의 암흑에서

이웃을 구하는 데에 열정으로 다가가서

저희가 지니고 있는 전문 특기와 용기를 발휘하도록 도와 주셔요.

아버지.

밤에 일찍 잠들고 새벽에 일찍 일어나는 것이

정말 보석같이 소중한 일과라는 것을 또 한 번 깨닫게 됩니다.

누구나에게 똑같이 빠듯하게 주어지는 24시간.

49일 수행을 마치며 얻은 결론은 일찍 일어나야겠다는 것입니다.

일찍 일어나는 자가 미래 조화선경의 주인공이 되는

진화의 DNA를 가지게 됩니다.

아버지를 사랑하는 마음이면 두려워 할 시간이 없습니다.

뼈마디 마디 깊숙이 채워진 시천주주와 태을주 노래에

바이러스들은 멀리 떠나기를 빕니다.

아버지, 편한 밤 되소서.

11

친히 약을 달여 병자들을 고치심(9:187)

몸살이 날 것 같습니다.
아버지,
하루종일 소소한 사건에 시간을 타고 급류 속에 잠겨있습니다.

오후에 해방촌 입구 독 항아리 파는 곳에 가서
사진도 찍고 쌀 항아리들을 둘러보았습니다.
둘이 먹다 하나가 화장실 가도 모를 뚝배기 하나도 가져왔습니다.

증산 상제님의 구릿골 약방이 떠오릅니다.
정읍으로 가시던 상제님 아버지의 길을 막아서며
사경을 헤매는 아내를 살려달라고 간청하는 집에 친히 가셨지요.
직접 약탕관에 약을 넣으시고 약탕관을 감싸 쥐며
한 손으로 부채를 부쳐 화롯불에 약을 달여
그 아내에게 먹이시니 즉시 회생했습니다.
손가락 사이로 뜨거운 김이 솟아오르는 데도
전혀 뜨거워하지 않으셨던 아버지.
복통도 고쳐 주시고,
미친 여인을 불쌍히 여기시어 하룻밤 사이 낫게
해주셨습니다.(9:191)

아버지께서 하신 이런 일들을 생각하며
저도 아픈 이들에게 도움이 되고 싶었습니다.
그런 소박한 희망을 안고, 작지만 넉넉한 뚝배기를 들고
항아리 가게에서 아버지를 생각했습니다.
약탕관 뚝배기에서 성도님들 웃음소리가 들렸습니다.

『도전』을 펼치면 지지리 가난한 땅으로 오신
증산 상제님을 직접 뵙는 것 같아 눈물이 주루룩 흐릅니다.
인간의 마음으로 많이 우셨던 내 아버지.
"네 눈물을 닦으려 한다."
도리어 이런 말씀이 들립니다.

12

빈 깡통

아버지, 새날입니다.
전에는 종종 '빗줄기만큼 예수님을 사랑합니다.
떨어지는 꽃잎의 꽃비 수만큼 예수님을 사랑합니다.
붉게 물든 아름다운 낙엽수만큼 예수님을 사랑합니다.'라고
외쳤습니다.
그런데
오늘은 빗줄기를 바라보며 할 말을 잃었습니다.
떨어지는 꽃잎의 아름다운 꽃비를 맞으며 또 할 말을 잃었습니다.
붉고 샛노랗게 물든 낙엽을 바라보면서도 우두커니….

내 가슴 안으로 우주의 모든 상황을 껴안으며 아버지를 생각합니다.
조상님들을 위해 콩나물 뿌리를 다듬을 때도,
요리를 할 때마다 그 수만큼 의미를 두었고,
길을 걸을 때는 걸음 수만큼 의미를 두다가 차츰,
길을 가고 있는지 조차 잊어버립니다.

제 마음을 다 동원하여 진솔한 소망을 품고 바라보는
하늘을 사랑하는 방법들도 잠시 쉬기로 했습니다.
'이제 어떤 방법이 있을까' 텅텅 비어 있는 것 같습니다.

멍하니 넋이 빠져 생각의 끈을 이어갈 수가 없었습니다.

문득문득 화살기도를 드릴 방법도 생각해내지 못하고 있습니다.

아무것도 남지 않은 텅 빈 깡통을 받아주시겠습니까?

그런데 갑자기 제 귀를 의심하였어요.

"나는 네가 텅텅 비어서 좋구나.

아무것도 든 것이 없으니 가벼워 더 좋은데,

네게 복록수를 가득 붓고 마셔야겠어."

하시는 말씀이 들려옵니다.

지금 내려오는 눈송이 송이 그 만큼

아버지를 사랑합니다.

13

쭉정이 신세

아버지, 며칠이 훌쩍 지나갔습니다.

별일들이 많으셨지요?

창밖은 나뭇잎 떠는 소리가 소스랑 부비며 춤을 춥니다.

춥습니다.

시간은 깊어가고 해야 할 작업은 뜨겁게 가슴에 와닿았습니다.

그 동안 태을주가 신선 공부(7:75)라는 것을 알았습니다.

저를 신선 앞으로 데려다주신 아버지,

신선으로 변화시키시려는 것이지요?

안내성 성도님은 3년을 신선 공부로 온몸 휘어 감았습니다.

"땅도 이름 없는 땅에 길운吉運이 돌아오느니라."(2:24)는

아버지 말씀이 『도전』에 쓰여 있습니다.

대지 생명의 어머니 아버지시여.

'이름 없는 땅'이란 말의 의미가 크게 다가옵니다.

주목받지 못하고 후미진 땅에

도리어 희망의 운이 풀린다는 의미로 들립니다.

도로가 나거나 재개발이 되거나,

의외로 숨겨진 땅이 드러나는 곳이 많습니다.

후미진 땅도 살펴보시고 사랑하시는 아버지.
대지가 '저'라면 하고 비유해 보니,
보잘것 없는 우리 각자에게도
길운이 골고루 들어온다는 말씀이 되기도 합니다.

조용히 사시는 분들도 언젠가는 자식을 통하여,
또는 친구를 통하여, 혹 불행한 사건을 통하여서도,
불행한 일이라 할지라도 저희를 살리려는 징검다리이니
조금 더 참고 견디라는 의미로 생각이 됩니다.

천지의 아버지께서 내려주신 시천주주와 태을주를 읽으며
그간 왜 고통을 받았는지, 왜 구박을 받았는지,
고통이 오히려 저를 일으켜 살린 경우가 많았다는 것을
드디어 깨닫게 되었습니다.
자신에게 주어진 고통을 잘 견디고 감내하며 시간의 터널을 지나면,
마침내 후미진 대지가 복을 받고
저에게도 길운이 대우주로부터 열리리라는 것을 알게 되었습니다.
그것을 믿으며 저의 소원을
'나의 대지'에 길운이 들기를 기도합니다.

아버지.
태을주의 신비로운 힘은 시작이라 믿습니다.
초현실적이며 감동적인 스토리를 만들어내는
생활습관을 시작하려고 합니다.
뇌의 변화를 꿈꾸면서 말입니다.

감동을 드리지 못하는 믿음은 쭉정이입니다.

아버지께 그리고 저 자신에게도

제가 스스로 감동을 받을 수 있을까만 생각하겠습니다.

타인에게 감동을 주기 전에 먼저 저에게,

비록 일상에서 소소하지만 의미있는 일을 해야겠습니다.

14

손가락 마디마디는 비밀의 시간

아버지,

밤새 편히 주무셨는지요.

가을비가 어디선가 숨어서 소리 없이 내립니다.

차가운 회색빛 빗줄기는

미세먼지 가득한 허공 안을 차곡차곡 채우고 있습니다.

이웃은 겨울을 재촉하는 손짓이라며

독감 예방 접종 주사를 맞았습니다.

태을주 역시 바람이 전하는 질병을 예방하는

효력이 있는 만큼 몸도 챙기려고 합니다.

요즘 대지는 겨울로 넘어가는 때입니다.

우주 일 년, 가을개벽을 생각하니 기분이 심오해집니다.

아버지께서도 가여운 저희를 생각하면 떨리시는지요?

째깍거리는 시계는 천지의 가을개벽을 알려줍니다.

작은 바늘은 우주의 시간을 알려주고,

초바늘은 지금 지구의 가을을 가리키며

째깍째깍 흘러가는 것만 같습니다.

시계는 이미 우주의 시간, 우주의 가을을 예감하고 짜 만든
계획된 물건이라 생각됩니다.
우주의 농부에게 가장 분주한 때가
인간열매를 추수하는 가을입니다.

올가을은 특별한 의미를 주며 다가오네요, 아버지.
자연 현상으로 내리는 가을비를 거역할 수 없듯이,
유년의 시간으로 되돌아갈 수 없듯이,
가을에서 여름으로 되돌아갈 수 없는
이런 자연의 질서가 지구의 운명임을 알게 되었습니다.

이 순간에도 아버지께서는
차가운 대지를 물감으로 골고루 칠하시고
싸늘한 바람결로 대지를 쓰다듬으십니다.
바람의 손길은 대자연이며 동시에 아버지이십니다.
인간은 아버지의 질서를 피할 수 없는 숙명을 안고 있기에
저희를 살리시려고
몸소 지상으로 알뜰한 내 자식들을 살리시려
오시지 않을 수가 없었지요.

자연은 이렇게 가르치십니다.
대우주 과학을 관장하시는 아버지의 우주 틀인 시간표.
아침, 정오, 저녁, 그리고 밤, 이렇게 눈금이 있습니다.
제 손가락 마디에도 24절기가 있어요.
15일마다 어김없이 변화하는

창밖의 기적같은 시간표가 제 손에도 그려져 있습니다.
여기에 관심없는 사람들도 많고 많습니다.
그러나 저는 한치의 실수없이 정확한 자연을 봅니다.
동지는 끝이요 시작입니다.

동지를 시작으로 15일마다
동지, 소한, 대한, 입춘, 우수, 경칩,
춘분, 청명, 곡우, 입하, 소만, 망종,
하지, 소서, 대서, 입추, 처서, 백로,
추분, 한로, 상강, 입동, 소설, 대설로 이어지며 순환됩니다.
15일마다 바람으로 눈금을 그으신 위대하신 우리 아버지.
문득 댓돌을 밟으시며
'오늘이 입추구나' 하시며 바람의 향기를 맡으시던
외할머니의 모습이 떠오릅니다.

길 위에 떨어진 붉은 나뭇잎 하나를 봐도
아버지의 계획과 약속이 거기에 녹아있음을 느낍니다.
이파리는 계절 바람으로 물줄기를 그려 넣은 자연의
과학노트입니다.

누가 잘 보지도 않고 특별하지도 않은 곳곳마다
증표를 만드시는 아버지 손맛을 누가 알겠는지요.
제가 잠든 사이에도 부지런히 일하시는 아버지께서는,
지구의 가을에 풍요로운 곡식과 열매를 수확하듯,
우주 가을개벽을 주관하고 계십니다.

모든 사물들은 아버지의 위대한 계획 안에서
출렁이며 춤추고 변화하기 때문에
저희는 이 위대하고 큰 지도에서 벗어날 수가 없습니다.
꿈을 꾸는 약속의 밤에….

15

소원사명

천지공사 보신 그곳에 다시 가셔서
세상 일을 걱정하셨을 아버지의 시간을 품어봅니다.
수천 년 전의 예언서를 읽고 들으면서 '설마, 설마' 했는데,
우리 땅에 벼락처럼 오셨던 아버지를 다시 생각합니다.

그 고귀한 행적을 『도전』에 남겨주시고,
시천주주와 태을주를 내려주시고 떠나신 아버지께
시천주주, 태을주 사랑으로 무릎을 꿇습니다.
채송화 꽃씨만큼 작아지며 겸손한 마음으로 태을주를
노래합니다.
오늘 밤은 대청소를 하느라 앉았다 일어났다 해서
몸에 천근을 매달아 둔 것 같아요.
시천주주와 태을주로 천근 무게를 풀어내며 잠을 청합니다.
아버지. 편안한 잠자리에 드세요.

16

우주의 일 년 농사

아버지, 안녕히 주무셨는지요.
밤새 저 노랑 은행잎들이 나뭇가지에서 다 떨어졌습니다.
인간을 추수하는 우주의 가을농사를 직접 관장하시는 아버지,
천주님, 상제님.
대지의 생명의 어머니시여.
아버지께선 자연을 통해서 모습을 드러내십니다.
그래서 볼 수 있는 이들은 자연 속의 아버지를
바람으로 미물로 꽃송이로 그리고 곁에 평범한
이웃으로 매 순간 만날 수 있습니다.

저는,
전엔 '우주의 일 년'이라는, 이런 말과 숫자를 절대로 믿지
않았어요.
아마도 어떤 단체에서 꾸며낸 그럴 듯한 계산이라 생각했습니다.
저에게는 이런 숫자는 엄청난 상상력이 필요한 시간의
무게이니까요.

이 우주 일 년, '129,600년'이
아주 과학적인 숫자임을 밝혀주는

연구와 결과들이 속속 발견되고 있습니다.
우주는 129,600년마다 굴렁쇠처럼 사이클을 돌며
인간농사를 계속하고 있습니다.

지구 안에 있는 모든 사물들은
이 우주의 거대한 사이클에 의해 크나큰 변화를 겪습니다.
구석기 시대인 약 20만 년 전, 호모사피엔스가 출현해서
(최근에는 남아공에서 26만 년 전 호모사피엔스 두개골이 발견됨)
12,000년 전, 신석기 시대에 농사를 짓고 목축을 했고,
청동기, 철기 시대를 거쳐 지금의 시대에 이르렀습니다.

우주가 인간을 낳고 기르며 성장시켜 왔는데,
마침내 이제 가을의 인간열매를 수확하는 단계에 이르렀어요.
과연 실하고 튼튼한 열매의 기준은 무엇일까요?
시천주주와 태을주 열쇠로 이 개벽의 다리를 건너
후천 미래의 세상 5만 년의 새로운 사회로 건너야겠어요.
지금은 급히 숫자들을 이해하기 힘이 들어도 생각을 모으고
집중하여 낮과 밤이 변함없이 돌아가는 걸 보고 느끼며
4계절의 변함없는 시간을 알고 있는 이상
해답은 단순하게 얻어집니다.
천존신장님들과 태을신장님 그리고 장군님들,
모든 존재님들에게 존경으로 감탄합니다.

17

공부하여라(2:34)

아버지, 아버지, 아이고 아버지, 살려주시어요.
수행하려고 집중하면 온몸이 잡아끌리어
끝없이 당기고 욱신거리고 쑤십니다.
뼈마디 마디가 따갑고 저립니다.

선배님들은,
이것은 제가 전생과 현세에 지은 많은 허물들을 벗겨내고,
아프고 막힌 부위의 기혈을 뚫는 수련이니 인내하라 하십니다.
장딴지에 불이 붙고 발목과 무릎이 꺾여 뒷목까지 쑤십니다.
한 달은 지나야 허리가 겨우 펴지고
두 달은 지나야 뼈대가 자리를 잡으려는 것 같습니다.
어쩌다가 발목끼리 접히면, 꾹 참고 버텨 낸 고통들이
마디마다 숨어 있다가 도깨비처럼 살아납니다.
살려 달라 방망이로 때리면서 조릅니다.
석 달이 지나서야 허리 중심이 서고
장딴지와 발목들이 자기의 자리를 알고 지킵니다.
이런 과정에서 깨달은 점은, 몸이 익숙해지고 편해져야
비로소 주문이 보인다는 것이지요.
누구라도 공부 않고 알 수 있는 법은 없다고

『도전』속에서 말씀하신 아버지시여.
'알고만 있으면 지식일 뿐이고
도道의 진실한 이치를 터득한다면
모든 일을 마음먹는 대로 행하게 된다'(2:35)고 하신 아버지.
수행을 지속적으로 행하면
우주 아버지의 마음과 하나가 되고 뇌의식이 확장되어
아버지와 합일이 이뤄진다는 것을 알려주시는 아버지 하느님.
오늘도 숨쉬고 살아가는 일상의 사랑은
꿇어앉는 무릎에서부터 이어집니다.

18

알음귀(2:30)를 열어 주시어요

기묘한 방법으로 귓문을 열어주신 아버지.
기계를 발명케 하여 현대문명을 일으키도록 이끄신 아버지.
현대의 문명은 천국의 모형을 본떴다(2:30)고 하신 아버지.

휴대폰은 한국이 으뜸이요,
한국은 거리마다 전철마다 에너지의 신이 관리를 합니다.
길에서도, 산에서도, 물가에도 천상 문명을 맛보고 있으니,
그 편리함을 이루 말할 수가 없습니다.

앞으로는 점점 더 작은 기계로 진화하여
머지않아 몸속에 지니고 다닌다지요.
영화를 보면 작은 칩을 백신을 맞듯 핏줄에 넣고
사물이나 물체를 보면 즉시 깨닫게 되는 문명인이 된다고 하신,
영화 같은 현실이 곧 오고 있습니다.

이제 사람의 체온을 재는 온도계도,
저 만치 떨어져도 온도를 알 수 있으며
눈만 껌벅여도 손에 쥐고 있는 TV의 화면이 열리는 미래 세상,
후천세계입니다.

따라서 인간의 수명도 길어진다는 사실을
믿을 수 밖에 없게 되었습니다.
이 틈새에서 아버지의 사명을 잘 깨달을 수 있도록
마음과 뇌를 열어 주시리라 믿습니다.
아버지, 편안한 밤, 안녕히 주무세요.

19
우주항해

파란 하늘이 더욱 높아진 겨울 하늘입니다.
아버지는 보통 가장 귀한 것을 자식에게 남깁니다.
태을주를 주신 아버지시여.
이 세상에서 자식들이 살아남기를 소원하시는 아버지시여.

생명을 지닌 모든 생물은 호흡을 합니다.
저도 호흡을 깊이 들이 마시며 두 눈을 감고 태을주를 마십니다.
'태을주는 천지 어머니 젖줄이라'(2:140) 하신 말씀을 새기며
태을주를 읽으면서 어머니의 탯줄을 타고 우주로 떠납니다.
숨을 깊이 들이마시며 마음 공간의 음파에 맞춰
"훔치~ 훔치~" 소리의 파동을 공명합니다.
심장 고동 소리에 따라
좌우로 거미줄처럼 촘촘한 곳에서 춤을 추며
태을주 소리가 울리며 흔들립니다.

숨을 길게 내뿜으며 태을주에 탑승하면
태양계를 벗어나게 되지요.
수많은 별들의 은하계를 건너
제 생명의 고향 땅 북극성 태을천으로 흐릅니다.

태을주 탯줄에 몸을 실어 호흡하게 되면
우주는 태을주 빛으로 광채가 나며 별들이 밝아집니다.

아버지 어머니의 자식에 대한 애틋한 사랑의 마음을 느끼며
다시 호흡을 깊고 길게 들이쉬고 내쉽니다.
천지부모를 찾는 소리, "훔치~ 훔치~".
심장의 두 공간에서 울리며 아버지 어머니를 부릅니다.
제 심장 고동을 들으며 여기 작은 몸 안에서도
하늘, 땅, 인간이 하나라는 것을 깨닫게 됩니다.
아버지, 오늘 선물은 '그 느낌'을 받게 되었다는 것입니다.
내일 다시 눈을 뜨고 인사드릴 때까지 안녕히….

20
끝없이 사랑합니다

달을 만들어 보여주신 아버지.
언제나 그랬듯 오늘 밤에도 창문을 엽니다.
달은 저를 기다립니다.
달은 엄니이고 외할머니이십니다.
그런데 아, 오늘 밤에 이 시각은 흐린 밤하늘입니다.
달은 보이지 않지만 그곳에는 엄니와 외할머니가 계십니다.

아버지 모습은 보이지 않아도 『도전』 속에는
아버지께서 몸소 사셨던 삶의 모습이 녹아있습니다.
아버지는 달이요, 『도전』이십니다.

흰 구름 위에 태양이 있듯,
눈에 보이지 않는다고 태양의 존재가 없는 것은 아닙니다.
가난한 동네, 배고프고 슬픈 우리네 마을에서 사셨던
내 아버지시여.
알아듣는 귓문이 없이 무지했던 우리 성도들에게
하늘의 섭리를 깨우쳐 주시고,
세상 일을 알려주신 대 우주의 아버지시여.

150여 년 전에 오셨다 가셨지만
아버지의 생생하신 흔적은 지금도
『도전』 안에서 저희를 가르치시고 살리십니다.
아버지.
시천주주와 태을주를 저희에게 안겨주신
고마우신 우주의 아버지, 사랑합니다.

21
영원한 생명의 길로

천지의 주인이신 아버지께서 내려주신
시천주주와 태을주는
죽을 수밖에 없는 숙명적인 비극에 놓인
인간의 운명을 바꿔줍니다.
시천주주와 태을주는 만고의 시간 동안 쌓이고 쌓인
제 조상들의 원과 한들을 해원시켜 줍니다.
동시에 조여 있던 근심과 걱정의 끈을 끌러 줍니다.
저희들의 삶은 고통스럽고
무겁고 칙칙한 근심과 질병의 늪입니다.
이 질척이는 늪에서 저를 건져 올려 영원처럼 살게 하시려는
우주 아버지의 기운을 시천주주와 태을주에서 느낍니다.

22

태을주 모유를 먹고 무장하여

갓 태어난 신생아는
'응아應我~' 하고 울음을 터트립니다.
신생아는 어머니 아버지와 마주하며
그들을 닮아 살겠다고 외칩니다.
어머니.
태을주 모유를 먹지 않는다면
신생아인 저는 살아남지 못할 것입니다.(6:76)
어머니의 젖줄은 작은 심장을 돌아 생명 에너지를 만들어 주고,
몸에 흐르는 피는 매 순간 새롭게 신생아를 살려냅니다.
아기의 심장 안에 아버지, 어머니가 계시고
그 안에 태을주의 에너지가 신생아를 살립니다.
그 누구도 태을주와 저희를 떼어놓지 못합니다.
저는 태을주로 무장되어 있기에
어떤 괴질의 병균이 침투한다 해도
무사히 버텨내며 살아갈 것입니다.
가여운 내 땅 조선을 태을주로 살리시려고 오신 아버지.
훔치 훔치 태을천 상원군 훔리치야도래 훔리함리사파하~
23자의 신비한 음파여.

23

『도전』 속의 이름을 가진 의미

좋으신 아버지, 저희의 믿음을 확신하고 계신 아버지.
간밤엔 약주를 거나하게 드셨습니까?
장소나 지명은 이름만으로도 그 분위기를 짐작하게 해주곤 합니다.
젖통네, 흔들네(10:83).
『도전』에 나오는 주막들의 이름에 웃음이 절로 나옵니다.
주막들의 이름만 들어도 목마름이 가시고
막걸리가 절로 당기고 흥겹습니다.
아버지께서 자주 들르셨던 곳이지요.

'태을주'를 세상에 외치면
사람들은 먼저 무엇을 생각해야 할까요?
'태을주' 하면,
세상 사람들의 생명을 살리는 성령의 젖줄이며
온갖 괴질병을 치유하는 약을 지닌
여의주라고 생각해야 마땅합니다.

인간의 운명을 결정짓는 복록과 수명이
여기에 다 들어있다는 것을 받아들일 때,
『도전』은 사람들에게 황금어장이 될 것입니다.

도솔천의 천주님, 불교의 미륵불님,
삼계대권을 주재하시는 천주님이신 증산 상제님을
어떻게 세상 밖으로 증거를 할 수 있을까요?
그 해답은 제가 태을주의 알캥이 역할을
충분히 해나갈 때 이뤄질 것입니다.
눈으로는 알 수 없는 태을주의 신비를 믿고
기도의 향기가 몸에 배고 스미도록 해야겠습니다.
우리 자체가 태을주가 되어야겠습니다.

무심코 '태을주'라고 단어만 말해도
그에게서 나는 광채를 숨길 수 없을 만치
빛의 사람이 되어야 할 것입니다.
한시바삐, 태을주가 낳는
여러 다양한 이야기들을 나누고 알려야겠습니다.
태을주를 노래하고 읽고 또 읽어서
아버지의 마음을 감화(10:90)시켜 드리겠습니다.
좋으신 아버지.
저희에게 태을주를 남겨주셔서 감사를 드립니다.

24

어른의 신발(10:51)

제 엄니는 평생 아이들에게 같은 말씀으로 잔소리를 하셨습니다.
'어른의 물건은 타 넘지도 말고
어른 신발을 신지도 마라, 버릇없는 행동이다'.
『도전』에도 상제님께서 어린 호연 성도에게
"어른의 신을 신으면 '버릇없고 배운 것 없다'고 욕먹어."(10:51)
하십니다.
제게도 그렇게 가르치신 엄니와 외할머니는
어디서 이런 문화를 배운 것일까요?
혹시 『도전』에서처럼 증산 상제님으로부터 배우신 건 아닐까요?
이 문화는 우리나라 조상 대대로 내려오는
조상과 어른들을 공경하는 문화의 뿌리에서 나온 것이라
생각합니다.
저는 어릴 적에 아버지의 물건과 신발은
쳐다보는 것조차 어려웠고 엄숙했습니다.
엄니가 아버지 고무신과 슬리퍼를 따로 모셔 두었던 기억이 납니다.
지금의 저도 마음에 드는 물건이나 가족의 신발은 아끼고 싶어
좋은 종이로 고이 싸서 소중히 다른 곳에 보관을 해둡니다.

5살 때의 일입니다.

뒷마당에서 구구대는 기러기들을 잡으려고
배처럼 큰 아버지의 검정고무신을 신고
새들에게 살금살금 다가갔습니다.
그때 신발 소리를 들은 새들이 다 날아가 버렸던 기억이 납니다.
그런 이후에 엄니께서
'아버지 신발 대신 네 신을 신어야 한다'고
하셨던 말씀과 아버지의 큰 신발은
뚜렷하게 제 기억에 자리 잡고 있습니다.

어느새 제가 어른이 되었습니다.
어른은 어른다운 신발을 신습니다.
저는 아버지의 『도전』을 조심스럽게 신었습니다.
처음 새 신발로 갈아 신었을 땐
사람들이 겁을 주는 것 같았습니다.
새 신발을 신으면 여기저기 벗겨지고 진물이 나다가
상처가 굳어져야 비로소 편해집니다.
아직 『도전』을 모두 암송하기엔 이르지만
차차 두려운 신발도 신어야 하는 용기를 내야겠습니다.
시천주주와 태을주는 저에게 익숙해진 새 신발입니다.
이 시천주주와 태을주 특수 신발을 신고서
천 리 길, 만 리 길을 아버지와 함께 찾아다니며
아버지의 주문 시천주주와 태을주를 알릴 것입니다.

25

거룩한 생활

지극히 자비로우시고 거룩하신 아버지.
아무도 모르는 시냇가에 계실 때
아버지께서 광채의 옷을 입고 계시었습니다.
태을주를 받아 품은 이상,
하루하루 살아있다는 것은 제게 거룩한 축제입니다.
굽이굽이 살아오며 희로애락이 많았지만
그중 태을주를 만난 것은 저에게는 운명에 초대되는 사건입니다.
이보다 더 큰 약속의 향연이 어디 있겠습니까.
아버지의 개벽잔치에 참가하는 것은
내 의무이며 일상이어야 할 것입니다.
아버지에게 곁에 오도록 저를 『도전』으로 부르시고
『도전』을 뚫고 집중하는 길,
우주의 지혜와 일상의 지름길을 열어 주고 계십니다.
『도전』 속으로 한 걸음 한 걸음 내디딜 때마다
숙연한 제 삶이 우연히 『도전』을 만난 것이 아니고
언젠가는 제 일상 속에 필연적으로 해야 하는
과업이었다는 것을 깨닫습니다.
그 과업은 병란이 닥칠 때 팬데믹으로부터
가족과 형제 이웃들을 살려내는 중책을 맡았다는 것입니다.

26
꿈에는

아버지 새벽에 잠시, 아주 잠깐 꿈을 꿨어요.
외할머니가 "자, 쌈을 싸서 먹어야제" 하시며
창밖으로 손을 뻗어 순식간에 따다 준 세 가지 나뭇잎들.
새파란 초록의 잎과 보랏빛 꽃이 달린 부추와
호박잎 같은 넙죽대대한 잎들을 냉큼 받았습니다.
제가 수돗가에 가서 잎들을 씻으며
'맛있겠다' 군침을 흘리며 입맛을 다셨지요.
아, 외손녀의 꿈에 나타나신 그리운 할머니.
반가운 표정도 감추시고 그대로 사라진 할무이.
언제나 절 보면 먹을 것을 챙겨주시기 바쁘셨던 할무이는
꿈에서도 우선 먹을 것을 주셨습니다.

할머니께서는 '삼신께서, 옥황상제님께서…' 이런 말씀을 자주
하셨습니다.
어린 저는 '이상한 말씀을 저리도 자주 하신단 말인가?' 했습니다.
제가 초등학교 1, 2학년이었던 것 같은데
할머니는 옛 사람이시고, 현대적인 맛을 잃어버렸다고 느끼곤
했어요.
할머니가 상제님의 이야기를 할 땐 전설의 고향에 나오는

원님이나 사또이시려니 했던 것입니다.

삼신은 안타깝게도 원님의 어머니이시려니 했습니다.

천만 다행히도 그 소리를 듣고 자란 제가

늦었지만

이제 저는 할머니께서 말씀하시던 삼신의 품에 안겼습니다.

저를 업고 잠재울 때도

'훔치~ 훔치~ 잘도 잔다.

앞집 개야 짖지 마라. 뒷집 개야 짖지 마라.

훔치~ 훔치~ 우리 양희 잘도 잔다' 하셨습니다.

태을주의 향기로 잠들었던 아기를 생각하면

할머니의 역할은 대단한 것이었습니다.

저희는 모두가 태을주 요람에 곤히 잠자고 있는

아버지의 아기들입니다, 아버지.

27

고목에 꽃이 피리라(6:64)

"썩은 고목에서 새순이 돋아나서 내 일을 이루느니라"(6:64)
아버지.
오늘은 아버지의 이 말씀을 제 나름대로 이야기로
풀어보겠습니다.

오랜 시간을 비와 바람과 추위를 견디며
척박한 환경에서 살아온 한 그루 나무가 있습니다.
이 나무의 표피 안에 감춰진 나이테는 진하게 자신을 표현합니다.
세월은 힘든 시간을 감내하며 버텨낸 흔적을 남겨주지요.
줄기는 부실해지고 가지는 꺾이고
잎사귀는 시간이 스칠수록 엉겨 붙었습니다.
어느 날 어디부터 질병이 시작되었는지
잎은 빛을 잃고 시들시들해지고,
결국 어디엔가 한구석이 썩어가기 시작했습니다.
그러다 곰팡이와 벌레들이 꼬이기 시작했습니다.

이따금 하늘이 청청한 날에 햇살은
고목의 두터운 표피를 어루만져 주며 스치곤 합니다.
그 순간마다 나무의 나이테는 햇살의 추억을 잊지 않고

기억하며 숨을 쉬었습니다.

한 가닥의 햇살이 삭아들고 있는 고목은

지난날의 많은 영광을 마시며

살아 있는 생명이 있는 동안 희망을 배우는 나무입니다.

이렇게 햇살은 고목을 어루만지며 용기를 주었던 것이지요.

언제나 나비와 벌들은 고목의

곪고 있는 상처를 어루만져 주었습니다.

햇살은 벌과 나비들에게 쉼터를 만들어 주었지요.

한겨울 대지는 얼어붙고, 고목은

진드기, 벌레들을 깨끗이 털어내는 작업을 하느라 바빴습니다.

엉겨붙은 메마른 가지들은

스스로 떨어져 나가 흙으로 돌아갔습니다.

한겨울의 언 대지가 서서히 녹고

부드러운 바람은 고목을 데리고 춤을 춥니다.

작은 진주 이슬처럼 숨겨진 씨앗들은

푸른 새싹으로 눈 부비며 세상을 내다봅니다.

물방울마다 씨앗들의 하품소리가 들리고

드디어 섬세한 여린 싹들은 잎새로 조금씩 자라나고 있습니다.

지난해 벌과 나비가 물어다 준

노랗고 붉은 꽃씨들이 고목의 몸통 홈 사이에서

생명을 간직하며 자라고 있었던 것입니다.

씨앗생명들을.

장마에 많은 수목들과 풀꽃들이

흙탕물살에 휘말려 떠내려갔습니다.

빈 대지에는 장대같은 장맛비로
흙바닥은 움푹 파이고 산사태가 거세게 내려오는데,
한그루의 고목이 꿋꿋하게 버텨냅니다.
이렇게 온갖 거친 환경을 견뎌낸 질긴 고목나무.
야무지고 단단한 줄기들이
여린 꽃봉오리들이 맺힌 잔가지들을 서로 보호해주면서
생명을 지켜낸 것입니다.
고목은 욕심내지 않고
고목답게 자라나기를 흔쾌히 받아들입니다.

어느덧 장마가 지난 대지 위에 빛나는 6월의 태양은
고목을 포옹하며 무지개 햇살로 안아주었습니다.
여린 가지들에게 서로 칭찬합니다.
칭찬을 듣고 힘을 받은 가지와 줄기들은 더 단단하게 영글어 갔고
나뭇잎은 무성해지고 꽃봉오리들은 활짝 꽃잎을 열었습니다.
고목에는 때아닌 큰 잔치가 열렸습니다.
세상에서 가장 뛰어나게 아름다운 한 고목의 이름은
바로『도전道典』이라는 우리의 나무입니다.
단군 시대를 거쳐 1만 년의 우리나라 역사입니다.

나무가 굽이굽이 줄기가 자라고 가지를 뻗었지만
조선 말에 나라 정세가 기울어 결국 일본의 침략을 받으며
고목은 썩고 쇠약해졌어요.
그러나 우주의 주인께서 이 고목에 수기를 받는 빛으로
내려오십니다.

이 새싹의 생명이 증산 상제님이십니다.

그 누구도 감히 알 수 없는 숨은 천지공사로

꽃봉오리들이 다시 맥을 잇기 시작했습니다.

그리고 이제는 향기를 품으며

오색 꽃들이 고목에서 『도전』으로 화려하게 피어나고 있습니다.

꽃들은 꽃씨를 달고서 태을랑이 되어

전 지구촌에 씨앗으로 심어질 것입니다.

진리를 전파하여 건강하고 빛나는 성도들을 탄생시키고

황금 수확을 얻을 것입니다.

이 나무의 생명은 태을주이며,

나무의 수로에는 태을수액이 가득차 있어

저희는 이것을 마시며 성장하고 있습니다.

꽃씨앗처럼 말입니다.

아버지, 『도전』은 아버지이며 '우리'입니다.

28

태을랑의 옷자락

오늘도 안녕하세요? 아버지.
간밤에 은하수 성운을 돌아 먼 길 오셨습니다.

빛이신 아버지시여, 생명의 근원이신 어머니시여.
우리집 앞 은행나무 잎들이
노랗게 물들어 떨어져 가루가 되었습니다.
조약돌이 모래가 되어 바다로 흘러갈 때까지
그 무구한 시간을 다 아시는 내 아버지시여.
항상 느끼는 것은 아버지의 쉼 없는 자애의 손길입니다.
저희는 무사히 새로운 운수의 길로
잘 갈 수 있도록 도와주시옵소서.

태을주에 숨겨져 있는 여의주 알캥이의 신비를
체험하게 하시고 숨쉬게 하시옵소서.
천지와 조상님들과 신명님들,
그리고 우주에 가득한 신장님들의 오묘한 섭리와
우주의 음률을 기쁨으로 노래하며 살게 해주옵소서.
햇살과 바람과 뇌성벼락과 들판을 돌아
하늘에 흘러가는 흰 구름의 아버지.

빗살 속에서도 느껴지는 아버지.
바람과 눈송이 안에 계시는 내 아버지시여.
이런 모든 자연 속의 아버지를 더 높고 넓게
알아차릴 수 있도록 하시는 내 아버지.
빛의 태을랑 옷을 내 스스로 지을 수 있게
영안을 열도록 인도 하옵소서.

오늘은 답답하고 풀리지 않는 현실 앞에서
그 또한 제가 품고 녹여야 하는 과업이라 여기며,
답답한 마음을 태을주로 숨 쉬며 잠듭니다.
아버지께서도 어서 눈을 붙이시옵소서.

29

모든 일은 신들과 같이 한다

아버지.

태을주를 고요히 품고 생각합니다.

잠시 생각의 집중을 풀며

감은 두 눈의 속눈을 안으로 떠서 마음의 눈을 열고

심장으로 '훔치~ 훔치~' 태을주를 흘려보냅니다.

두 눈을 감으면 6월의 하얀 치자 꽃들이

달달한 향기를 피우며 활짝 피어있습니다.

또 한 곳은 굴렁쇠 쥐불놀이가 한창인데

굴렁쇠 안으로 제 조상님들이 웃고 계십니다.

세탁을 하셨는지 백옥같이 하얀 두루마기를

손질하여 입고 단정하게 치장을 하셨군요.

두 손까지 흔들며 웃고 있는

조상님들의 분위기가 들떠 보입니다.

마치 축구시합에서 골대 안으로 볼을 성공시킨 선수를 보듯

저마다 반가운 미소를 던지고 있습니다.

소리 없는 웃음은

불붙은 굴렁쇠를 경계로 해서 시공간에 가득 찹니다.

태을주는 우주를 하나로 이어주며

돌아가신 이와 산 이들이 둘러앉아 먹는 식탁이요,

우리네 제삿상의 음식 재료이기도 합니다.

쌀을 재배하기 위해 누가 노동을 하였는지,

굽고 있는 산적이 있기까지

어떤 동물의 희생이 있었는지 기도를 해주고,

각각의 나물들에게도 '안녕'을 빌어주며

주거니 받거니 인사를 합니다.

과일이 익기까지, 쌀을 재배하기까지

대지를 주관하시는 지신벽력대장군님,

벼락을 막아주고 바람을 일으켜 세우기도 하는

뇌성벼락장군님의 수고와 노동으로

대지를 치유하시는 그 가치에 대해 찬사를 아낄 수 없습니다.

밥상 앞에 조상님들과 마주 앉아 있는 일은

현실에선 불가능한 일이지만

태을주는 모든 것을 가능케 합니다.

부정적인 일들을 바로 세워주시는

우주의 신장님들과 대장군님들.

다시 긴 호흡으로 서서히 '훔치~ 훔치~' 하며 읽어봅니다.

저를 지탱해주는 오장육부 안을 태을주로 가득 채우면

한 장부를 넘을 때마다 은하계와 태양계의 역동을 바라봅니다.

그리고 육부를 돌면서 칠성별과 성운들도 바라봅니다.

우주에서는 존재가 하도 작아서 미처 보이지도 않는

섬세하고 작고 푸른 지구의 빛,

수많은 별과 같이 셀 수 없이 많은 세포들에게도

태을주 향기로 고마움을 전하며 포옹하고 문안드립니다.
저희 몸은 대우주임을 감사하게 받아들이고
아버지께 영광을 드립니다.
태을주의 향기를 맡으며 잠을 청합니다.
아버지께서도 편안하게 주무시길 빕니다.

30
천지의 일은 때가 있다(2:33)

아버지.
파란 하늘을 잊으셨는지요? 또 비가 옵니다.
나뭇가지 위로 쿡쿡 찍히는 빗방울은
어수선하지만 완벽합니다.
천지조화 풍운신장님께서
하늘과 대지를 조화로 다스리시는 작업이니까요.
창문에 흘러내리는 빗방울,
입김으로 그 방울을 계산하십니다.
아무도 눈치챌 수 없는
조화의 내밀한 세계를 미리 계획하십니다.
한 치의 시간도 허투루 여기지 않고 준비하시는
내 아버지시여.

이른 봄날에 나풀거리는
흰나비를 바라보면서 아버지를 따라갑니다.
저에게 신비 세계를 보여주시기 위해
나비를 날려 보내셨군요?
아버지만의 시간에서 그날 그때 그 시각에
껍질의 덫에서 나비를 인도하시는 내 아버지시여.

햇살, 그림자, 나비 집, 그 때가 되면 번데기에서
전혀 다른 차원으로 상승시키신 모습은
우리도 가야하는 정확한 시간을 보여 주시는 것입니다.
보드라운 바람이 유순해지길 셈하고 헤아리신 후
그때 그 시간을 채워야 한다고 말씀하셨습니다(2:33).
천지의 일은 다 때가 있어서 미리 알고자 하면
하늘이 벌을 내리신다고 말씀하신 아버지시여.
꽃잎이 차례로 활짝 같은 시각에 벌어질 때
꽃잎 한 장만 살짝 접혀져도 꽃은 전부가 시들어버립니다.
비록 민들레 꽃잎 한 장마다 각자의 시간을 가졌기에
그들 나름대로 정확한 시간에 피고 지며
겸손하게 차례를 기다립니다.
저의 때도 잘 아시는 아버지시여.
우리문화의 길잡이인 『도전』과
시천주주와 태을주의 신비를 쉽게 풀어내어
많은 이들에게 전할 수 있도록 때를 알려 주시옵소서.
생명의 삼신께서 우리를 나비처럼 부활시키십니다.

31

별 하나 나 하나

아버지.

제가 오늘 저의 별로 빛을 내고 있었는지 반성하는 시간입니다.

하나의 내 별만 있으면 됩니다.

수백억 개의 별들이 쏟아지며 춤을 추더라도

저는 꼭 한 개의 별만 품고 싶습니다.

아버지, 어머니.

먼지보다도 작은 지구 행성 별을 잊지 마소서.

태을주 기도 소리 들리는 초록별을 잊지 마소서.

저희 지구별 하나는,

태을주의 요람이 됩니다.

32

포옹

사랑의 아버지, 어머니.

제가 매 순간 거저 받은 일상에 감사할 줄 모릅니다.

가끔은 감사하지 못하여 생기는 병을 겪기도 합니다.

더러 좋은 사람들조차 신뢰를 하지 못하였습니다.

까다롭고 건방졌기 때문에 그렇습니다.

지금은 생선 가시 발리듯 적나라하게

저를 드러내 보여주는 시천주주와 태을주 앞에 서게 되었어요.

생각할수록 한없이 감사할 것들이 넘치고 넘칩니다.

더 욕심내면 분명 탈이 날 것을 걱정하면서도,

딱히 없어도 되는 것들을 찜해 탐을 냅니다.

부질없는 욕심이 결국 주체 못할 탈을 만듭니다.

이제는 그런 욕심을 벗어 버리고,

시천주주와 태을주로 저를 구석구석 씻으며

깊은 용서를 구합니다.

제 욕심을 내려놓고 애착심을 비우며,

그 빈 공간을 태을주 알캥이로

허약한 부분에 양분으로 채워가고 싶습니다.

아닐 것입니다.

아버지께선 있는 그대로

모자라면 모자람으로 딸을 받아 주실 것이지요.

부족한대로 아버지의 광채 속에서 머물며 호사하고.

그러하리라 믿고 꿈을 꿉니다.

아버지께 드리는 제 손편지는 저에게 주신 여의주 선물이십니다.

33
창공에 바람처럼 구름처럼

아버지.
지금은 풍요로운 먹거리가 많습니다.
가격파동으로 싱싱한 채소 같은 농산물들을
땅에 파 묻을 때도 있습니다.
아버지께선 왜 하필 가난하고 없던 시절에 탄강하셨는지요?

오늘은 감자를 충분히 드셨습니까?
밥도 반찬도 모자라 뭉실하게 비벼서
나눠 드셨다는 이야기를 읽을 때마다 명치가 결립니다.
아버지께서 비빔밥을 드실 때와는 정반대의 경우라서
비빔밥을 접할 땐 아버지 생각을 남모르게 하며 먹게 됩니다.
참기름은 아예 넣지도 못한 아버지의 비빔밥은
아버지의 눈물이요, 저의 배부름입니다.

오늘 저에게 '감자가 되어라' 하시면
제가 찐 감자가 되어 먹히겠습니다.
'감나무가 되어라' 하시면
내일로 미루지 않고서 달달한 감으로 먹히겠습니다.
'밥이 되어라' 하시면 즉시 좋은 밥이 되어

남에게 배불리 먹히겠습니다.
그리고 '물고기가 되어라' 하시면
가시까지 잘 발라 먹힐 것입니다.
'바람이 되어라', '구름으로 흘러라', '꽃으로 피어나라' 하시면
창공에서 바람처럼 구름처럼 되어
감자와 감나무, 꽃과 물고기에게 말하겠습니다.
'나의 몸은 위대한 모든 생명의 젖줄인 아버지의 딸이 됩니다.'

갖은 병들이 저절로 생길 때나
병란이 길어져 많은 생명들이 무고하게 쓰러질 때
사람들을 조건없이 살려내시려고 안타까워 하신 아버지.
우주에서 내려오신 아버지이심을
가족, 친구, 이웃을 만나면
그들의 등 뒤에서 두팔로 손짓하고 계신 아버지를 바라봅니다.

34

오늘도 감나무로 오신 아버지

아버지와 함께

골목마다 동네를 지켜주는 감나무를 올려다봅니다.

다 털어내야 비로소 열매가 보여 아름답습니다.

감나무처럼요.

붉은 단풍으로 요란하게 치장한 수려한 나무님들도 많은데

감나무, 당신님은 다 내려놓고 빈 나무로 겸허히 서 있어요.

무성한 푸른 잎들을 포기하면

태양은 그 흔적을 어루만져 달달한 감으로 익혀주어

마치 인생을 나무에 비유해서 말씀해 주십니다.

빈 가지 위로 붉고 단 열매가

하나도 아니요, 주렁주렁 달립니다.

배고픈 겨울새들을 배불리 먹이고,

이웃 사람들에겐

곶감, 수정과, 감김치, 단감, 홍시로 사랑을 받습니다.

오늘은 아버지께서

늦가을 길가 감나무가 되시어 붉은 감들을 매달아 놓으셨습니다.

밤이면 빈 가지 사이로 달빛과 어울려 노시기도 하시겠지요?

삶의 멋을 즐기는 감나무 아버지의 생애를 훑어보기 위해

오늘도 『도전』을 가슴 가득 품고 있습니다.

빈 몸이 됨으로써 스스로 드러나는 지혜가

저에겐 그지없는 부러움 속에

소리없는 아름다움의 교훈으로 다가옵니다.

버리는 것이 아니라 스스로 내려놓는다는 의미입니다.

제 일기장에 감나무 그림을 그려 놓았습니다.

펼 때마다 매일 디딤돌로 삼겠습니다.

감처럼 겉과 속도 감의 색으로 다르지 않게,

감처럼 같은 색으로 익어가려고 합니다.

겉은 그리움으로,

속은 아버지의 크신 사랑에 보답하고픈 마음으로,

홍시처럼 매 순간 겸손한 도생이 되려고 합니다.

아버지.

오늘도 감나무 되시어 저에게 오신 아버지.

『도전』의 가르침을 마음으로 꼭꼭 씹어서

『도전』 그 하나의 장면에 제가 뛰어 들어 그 의미를,

제 가슴에다 아버지를 뵈옵니다.

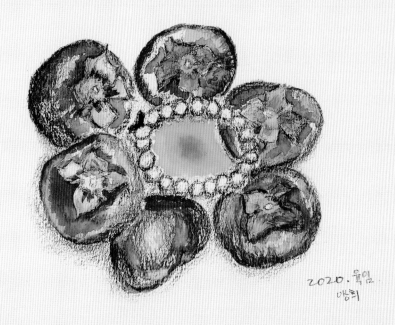

2020. 욕임.
맹희

안방같은 도장 道場

1

안방 같은 도장 道場

아버지, 기억하시는지요?

늦가을 그날, 주변이 어둑한 골목길이었어요.

다니는 발걸음도 없고,

슬슬한 곳을 찾고 있는 탐정처럼

어둠 속에서 마침내 '증산도甑山道' 간판이 눈에 들어왔습니다.

역에서 내려 꽤나 걸어갔는데

스스로 내딛는 제 발걸음이 흔들렸습니다.

'어떤 곳일까?' 호기심이 가득했습니다.

중학교 때 일이었습니다.

학교수업이 끝난 후 책가방을 꽃밭에 숨겨놓고

여성 창극을 구경하러 갔다가

극장 앞에서 훈육 선생님께 들키고 말았습니다.

발발 떨며 이름을 말하고 돌아와 보니

꽃밭 속에 숨겨두었던 책가방까지 사라져 버렸습니다.

이튿날 훈육실로 불려가 친구들 앞에서 웃음거리가 되었죠.

호되게 벌 받던 그 기억이

하필 도장을 찾아가는 골목길에서 내내 떠올랐어요.

제가 도장에 처음 들어섰을 때,

유년 시절, 집밥 냄새 풍기는 저의 집 안방이 딱 떠올랐습니다.
대청마루 벽면에 어디선가 뵌 듯한
익숙한 이웃 아저씨의 초상화가 장난스러운 미소로
'어서오너라' 하시는 것만 같았어요.
또 그 옆으로 인자하신 모습으로
'수고하는구나' 말씀하시는 부인의 초상화도
저를 반기시는 듯했습니다.
아무 장식도 없는 벽면, 단순한 마루의 분위기,
제 유년의 안방같은 느낌의 도장이었습니다.

저는 어머니가 조선 기왓장을 고집해서 올리고
공들여 지은 전통한옥에서 살았던 독특한 경험이 있습니다.
초등학교 3학년에서 고등학교 2학년 때까지
9년 동안 학창시절을 보냈던
그 한옥에서의 추억이 다시 되살아났습니다.
안방 위 넉넉한 다락방은
아래 부엌에서 솥에 밥을 짓는 냄새가 솔솔 올라오는
편안하고 아늑한 곳이었어요.
안방엔 손재봉틀과
아버지가 어머니에게 장가를 들려고
신부집으로 매고 가신 함이 있었어요.
이 함은 할아버지께서 직접 나무로 짜주신 것이었습니다.
안방으로 이어진 부엌 위쪽 문을 열면 그 다락방에 나왔는데,
목화솜이나 색동이불, 특히 먹을 간식거리가 있어
오르락내리락 하며 지냈습니다.

곶감을 하나씩 빼먹으며 숙제를 하기도 하고
조청에 버무린 쌀과자를 먹다 깜빡 잠이 들기도 했어요.
엄마도 가끔 올라와서 글을 쓰시곤 하셨지요.
그래서 안방 다락방은
가족들의 넉넉한 복주머니 같은 창고였어요.

제가 처음 찾아간 동대문 도장은
이런 우리 전통가옥의 안방같은 분위기를 자아냈습니다.
그날은 마침 천도식을 올리는 날이었습니다.
정성을 올리는 자손들과 조상님들의 만남을
같이 지켜보는 화기애애한 시간이었습니다.
천도식을 마치고 좌식 테이블에 둘러 앉아
함께 음식을 나눠먹었습니다.
1년에 6번 제사를 모시는 저로서는
이 천도식이 처음이었지만 전혀 낯설지가 않았습니다.
이런 나눔은 지난날 우리집 마당에서 멍석 깔고
잔치상 음식을 나누던 추억을 되살아나게 했습니다.

인사를 마치고 돌아오는 길에
서양문화에 젖어있던 저에게
화려한 장소가 아닌 소박한 도장은
마음의 갈등을 불러 일으켰습니다.
교회나 성당은 화려한 조명이나 석고상, 성가대,
여러 사회봉사 단체들을 위한 많은 방들과
만남의 활동을 위한 휴식과 쉼터 공간,

어린이들을 위한 주일학교 등등 규모가 꽤나 큽니다.
이런 규모의 공간들에 비해 도장의 중심 공간은
천도식을 위한 장소가 되었다가
식당이 되었다가 만남의 장이 되는 등
다목적 안방 역할을 하고 있었습니다.
우리 정서에 어울리는
편안한 안방이나 대청마루가 그렇듯이
도장은 여백의 한국적 정감이 고스란히 전해지는,
동양사상을 품고 있는 장소같이 느껴졌습니다.

증산 상제님은
"나도 단군의 자존이니라."(2:26),
"너희에게는 선령이 하느님이니라.
너희는 선령을 찾은 연후에 나를 찾으라. …
사람들이 천지만 섬기면 살 줄 알지마는
먼저 저희 선령에게 잘 빌어야 하고,
또 그 선령이 나에게 빌어야 비로소 살게 되느니라."(7:19)
라고 하셨습니다.
제 조상님들이 눈앞에 어른거렸습니다.
이때부터 마음에 치열한 고민이 시작되었습니다.
'무엇이 두려운가. 너의 진심은 무엇인가 ….
아들 예수는 너에게 육성과 인성교육을 가르쳤다면
아버지인 나는 앞으로 열리는 새 우주의 세계관,
그 누구도 가르쳐 주지 않은
역사관, 신관, 우주관에 대하여 알려준다, 희망을 가져라'

하시는 것만 같았어요.

언제나 흥미를 가지고 있던 드넓은 우주를 바라보며

묻기도 하고 답을 받기도 하며 저를 달랬습니다.

그러는 사이 저 자신도 모르게

우리나라의 진정한 역사가 궁금해졌습니다.

아버지.

저는 우리나라의 정통 고대사를

학교에서 배운 적이 없습니다.

마치 사랑방에서 안방으로 건너가듯,

안방에 거하시는 아버지와의 만남을

깊이 파고 또 파면서 한 발자국씩 조심스럽게

아버지의 안방으로 발 하나를 쓱 디밀게 되었습니다.

어릴 적 다락에 올라가 편하게 낮잠 자던 그 품으로 돌아가,

'미래의 다가오는 아버지 시대에

편안하게 뵙는 것 외에 무엇이 더 필요한가' 하는

제 질문에 스스로 응답을 주곤 하였습니다.

'두려워하지 말자'는 내부의 소리가 위로가 되었어요.

이미 저에게 '뇌성벽력장군'이 함께 하시며 따라 다녔고,
저도 모르는 사이 제 손톱 아래 때까지
산산이 부서지며 물밀 듯 개벽되는
저 자신의 변화를 막을 수가 없었습니다.
지구마을이 다 개벽되어도
저 자신이 개벽될 수 없다면 진정한 가을개벽은
허무한 이상에 불과할 수 있다는 생각이 들었습니다.
기적을 하늘에서 바다에서 도시에서 봤다고 왕왕 말하지만
저는 형용할 수 없는 신비한 기적을 저 자신에게서 체험합니다.

"지금은 원시반본原始返本하는 시대니 혈통줄을 바르게 하라.
환부역조換父易祖하는 자는 다 죽으리라."(7:17) 하신
말씀의 뜻을 깨닫게 되었습니다.
원시반본하는 시대, 조상의 뿌리를 찾는 시대라는 말씀이
가장 피부에 와닿았습니다.
그래서 가족들을 다시 만날 수 있다는 소망을 믿게 되었어요.
나에게 살과 뼈와 피를 나눠주신 조상님들과 가족들과의
재회를 약속할 수 있어 사는 것이 즐거워졌습니다.

제가 아버지에게로 가는 여정에서 죽을지 살지 몰랐습니다.
망망대해에 떠 있는 뗏목은 흔들렸어요.
광활한 우주의 파동을 넘어가다
마침내 시천주주와 태을주라는 보물선을 만나게 되었습니다.
운명으로 승선하게 된 보물선,
도장에서 치성을 모시며 저는 주문기도와 함께

저 자신의 마음 치유를 병행하는 기도를 발견했습니다.
도장의 꾸밈없는 빈 공간은 아버지의 넉넉한 품속 같았습니다.
도생님들과 함께 기도하는 만남의 광장이며,
시천주주와 태을주가 무엇인지도 모르는 채로
시천주주와 태을주와의 만남이 이루어지는 곳이었습니다.

도장에는 시천주주와 태을주가 가득 차 있기 때문에
부족함을 채우며 편안하게 숨을 고를 수 있고
원하는 대로 다양하게 에너지를 얻어갈 수 있습니다.
도장은 생명의 기운을 공급받고
마음의 준비를 하는 쉼터이며
수행을 하는 곳이기도 합니다.

『도전』을 읽으면서
아버지께서 천지공사를 행하신 동안의
발자취를 따라 생생한 체험을 하고 있습니다.
특히 아버지께서 옥단소를 부시면
난데없이 물고기가 펄쩍 펄쩍 뛰어 들어오고,
공중에서 잉어가 떨어졌습니다.
그러면 성도들과 함께 그것을 끓여 드시고,
잘 씻어 꼬챙이에 꿰어 기름을 치고 마늘, 깨, 소금 등
양념을 발라 구워주기도 하시고
가시까지 발라주기도 하셨습니다.
아버지의 그 자상하신 모습과 전경이
제 시야에 가물가물 보입니다.

도장에서 도생들과 서로 얼굴을 마주하며
음식을 나눠 먹을 때 즐겁고 행복합니다.
아버지께서 잉어를 꼬챙이에 꿰시듯
저희도 시천주주와 태을주에다 꿰어 이웃에게 전해주어
생명을 살리는 만찬이 되도록 주위를 살피겠습니다.

아버지.
도생들을 아끼시며 연민이 지극하셨던 아버지.
저희가 대신해서 태을주로 옥단소를 다시 불러 드리오리다.

2

사배심고四拜心告

아버지.

동지가 지나고 봄날 같은 소한小寒입니다.

첫눈 대신에 보이지 않는 가느다란 빗줄기가

거리를 고즈넉하게 적시고 있어요.

대한大寒엔 얼어 죽는 자 없지만

소한엔 얼어 죽는 자가 있다고 『도전』에 쓰여 있습니다.

불쌍한 우리 민족….

상제님이 계셨던 당시는 따뜻한 기모 내복이나

기능성 의복도 없었던 혹한의 시절이었어요.

제가 어린 시절에도 방안 물그릇의 물이 얼곤 했었습니다.

길에서 얼어 죽는 사람도 있었습니다.

쥐들도 얼어 죽은 걸 여러 번 본 적이 있어요.

아버지, 3년 전 제가 처음 도장에 왔을 때

성전에 들어서자마자 어진 앞에서 나름대로 큰절을 올렸습니다.

집에서 기일이나 명절 제사 드릴 때를 제외하면

절을 올려본 적이 없습니다.

근래에는 서양문화가 자리를 잡아서

몸을 엎드려 절을 하는 예법은 거의 사라지고 있습니다.

절을 드리는 동안 저는 무언가 기운을 느끼게 되었는데,
'마음을 비우고 사지를 모아 머리와 어깨와 가슴을 내린다는 것은
정말로 신성한 몸동작이구나' 하는 것을 강하게 느꼈습니다.
기계문명의 쇠사슬처럼 복잡하게 얽히고 바쁜
현 시대에 천천히 절을 하는 행위에 대해
잠시 생각을 해보았습니다.

잡다한 일상을 멈추고 제 생각과 의견을 내려놓았습니다.
모든 잡념을 거두고 잠시만이라도
멈춰 서는 것이 필요하다고 느꼈습니다.
절을 드릴 때면 몸을 깊이 숙여 이마가 거의 바닥에 닿습니다.
그러면 고요와 겸손의 옷을 입는 느낌이 듭니다.
마음을 비우고 몸을 움직입니다.
팔의 마디와 다리의 마디를 접고
허리를 깊이 굽혀 머리를 땅에 두는 동안
인간의 몸이 참 아름답다는 생각을 해봅니다.
몸에 뼈마디가 없었다면 절이라는 예법도 없었을 것입니다.
몸을 만들기 전에 이미 절이라는 행위를 생각하고
인간의 몸을 만든 게 아닐까 하는 생각이 들 만큼
절은 신비로운 동작인 것 같습니다.

아버지시여.
우주로부터 받은 이 몸 안에 든
천만가지 선물들을 잘 이용하여
제 자신을 진화하는 데 사용하겠습니다.

삼계대권을 주재하시는 아버지와
대지의 생명의 어머니와 하나가 될 수 있도록
저를 굳세게 인도하여 주소서.
눈을 감으면 누구나 눈 안으로
환하게 반짝이는 별들이 나타납니다.
설사 안 보일지라도
양 손가락으로 눈을 살짝 누르기만 하여도
동공으로 별들이 무수히 반짝이며 모여듭니다.
이런 형상은 누구나 경험할 것입니다.

아버지.
사배심고하며 엎드려 엄지손가락이 이마에 닿을 때면
제 머리 안에 광대한 대우주가 별들을 쏟아 부은 것처럼
켜켜이 오색 우주가 펼쳐집니다.
기도를 멈추는 북소리가 날 때까지
우주를 내려다보는 진귀한 광경 때문에
사배심고는 우주와 저 사이를 연결하는 은하수 열쇠입니다.
일배는 천지 주재자이신 아버지께 감사드리고,
재배는 대지의 생명의 어머니이신 태모님께 감사드리고,
삼배는 단군 할아버지님과 저의 조상님 전부께 감사드리고,
사배는 대우주의 모든 신장님들,
땅의 모든 생명체들과 하나됨에 감사드리고,
이렇게 절을 올리기로 제 자신과 약속했습니다.
그래서 도장에서 배운 절에 대해 적어봅니다.
이 절법을 반천무지攀天撫地라고 하는데,

하늘을 받들어 모시고 땅을 어루만지며 쓰다듬고,

하늘과 땅의 열매인 인간이

천지부모님과 하나가 된다는 의미를 담고 있습니다.

그래서 천지부모님께 감사와 사랑을 올리는

마음의 표현이 담긴 절이라고 합니다.

1만 년 전부터 해온 우리 겨레의 반천무지 절법과 심고心告문화가

얼마나 고고하고 지혜로운지 눈물이 고입니다.

몸을 가진 존재로서 뼈마디 마디를 전부 접고 머리를 조아려

제 마음에 우주의 태을 씨앗을 받는 것입니다.

절은 살아있는 한 송이 꽃이 활짝 피는 순간입니다.

100년에 한 번 핀다는 선인장 꽃보다

인간의 절은 더 아름답습니다, 아버지.

절은 한 송이의 아름다운 꽃이며

아버지께 드리는 가장 강렬한 유형의 애정표현입니다.

하루에 절을 천 번을

드리는 성도님을 만나면

저절로 고개가 숙여집니다.

아버지,

배례를 드리옵니다.

안녕히 주무시옵소서.

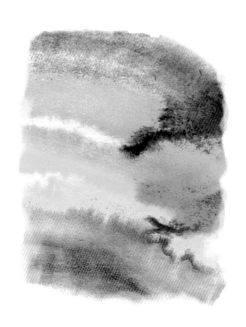

3
청수를 모시는 의미(10:99)

아버지.
아침에 기도를 한 뒤, 제 정성을 떠놓은 복록수를 마셨습니다.
그릇의 물은 저만의 새벽 옹달샘입니다.
아침에 마시는 물은 목마른 내장에게도 반가운 소식일 것입니다.

에모토 마사루의 저서
『물은 답을 알고 있다』를 읽어 보셨는지요?
기도할 때 분출되는 정성의 파장이 바로 자기 앞에 떠놓은
물에게 전달된다는 것을 증명한 책입니다.
물에게 즐거운 말을 들려주고 좋은 음악을 틀어주면
듣고 있는 물도 답례를 한답니다.

물에도 인격의 신명을 넣으신 지혜의 주인이신 아버지.
기도를 하는 동안 떠놓은 물은 저를 심오하게 쳐다봅니다.
마치 제 마음을 어루만지며 더러움을 씻어주는 것 같아요.
제 마음을 이해하듯,
어버이의 눈동자로 바라보듯 맑게 일렁입니다.
물은 전파력이 빠르고, 공기가 담고 있는 여러 물질들을
걸러내지 않고 그대로 반영하는 거울입니다.

물 앞에서 울면 물도 같이 울고,

기뻐하면 같이 기뻐해주고,

물은 늘 그렇게 응답을 해줍니다.

아버지.

저도 깊은 옹달샘이 되고 싶습니다.

『도전』에서 흐르는 약수가

창생의 생명을 살리는 생명수 역할을 하듯

저도 이웃의 생명을 살리는 의무를 다하고 싶습니다.

어릴 적 외할머니는

오동통한 고추장 항아리를 덮은 장독 뚜껑 위에

물을 가득 담은 사기대접을 올려놓았어요.

그러고는 대접을 응시하며

물속에 누가 빠지기라도 한 것처럼,

두 손바닥을 마주 대고 싹싹 빌며 중얼거렸습니다.

무아지경의 할머니 옆얼굴을 올려다보면 순수한 신장님

같았습니다.

"할무이 누구랑 이야기 하노?"

"가만 있거라이. 상제님과 이바구 좀 하구로."

"어떤 아재인데?"

"할무이가 여쭤볼 터이니 기다리라 카이."

"그라이소."

지금은 외할머니께서 누구와 이바구 하셨는지 알 것 같습니다.

소원이 온몸을 끌어당길 때

할머니는 물을 떠다 놓으셨나 봅니다.
물대접을 내려다보면서 중얼거리셨어요.
21살의 청년 장남을 잃은 에미 마음을
물도 알고 상제님께서도 아셨을 것입니다.
사발 가득 담긴 물이
그 마음을 전달해주는 매개체였을 것입니다.

어린 제가 창문에서 뛰어내리다가 다치거나 놀라면
할머니는 물대접을 제게 가져다주시며
"얼른 마셔라" 하시고 상처에도 발라주셨습니다.
물이 바로 생명을 살려주기 때문인가 봅니다.
할머니는 물을 만병통치 태을주 같은 약으로 여기셨습니다.

이젠, 머나먼 고향으로 돌아가신 외할머니가
시시때때로 그립습니다.
지금은 제 곁의 초상화 속에서
늘 미소 지으며 저를 지켜주고 계십니다.
기도에 앞서 촛불을 밝히면
외할머니의 사발보다는 작지만 제 청수그릇의 물은
저와의 약속을 반드시 기억합니다.
기도와 수행의 소리를 들은 물은
제 소원을 고스란히 품고 있을 것입니다.
투명하고 깨끗한 물은
진실이 무엇인지를 전하는 매개체입니다.
공기와 물, 대지의 자연은

생명을 기르는 어머니이시기에 거짓은 존재하지 않습니다.
하늘이 낮고 으르릉거리면 어른들은
'비 오십니다'라고 표현합니다.
비는 물이요, 물은 기이며, 에너지입니다.
에너지 안에는 수십만의 색다른 신명님들이 계시고
아버지께서도 비로 함께 오신다는 것도 이해가 됩니다.
비로 오신 아버지를 보며,
또 생명의 어머니이신 대지를 만지며
아버지 어머니의 손길을 온몸으로 체험할 수 있습니다.
비가 온다고 투덜대지 않으며
눈이 온다고 불평해서는 아니 될 것 같습니다.
그래서 물을 아껴 항아리에 가득 붓고
햇살 쬐는 곳에 두곤 하시던
조상님들의 지혜를 높이 받들어 기억합니다.

햇살이 묻은 물은 암세포를 달래 주기도 하고
치유능력이 있는 자연수라 합니다.
그런데 오늘 우리는 땅속의 물을 마구잡이로 퍼내고
화학물질과 오염된 물을 하천에 버려
식수가 오염되기도 합니다.
물의 소중함을 모르는 사람은 없습니다.
깨끗한 물은 생명을 살리기 위한 아버지의 애끓는 정精입니다.
아버지께서 "청수그릇을 향하여 사배하라"(6:62) 하시고
시천주주를 3번 읽으시며,
"청수를 마시라. 이것이 복록이니라" 하시며

여섯 사람(육임조직)에게 도를 전하도록 하신

그 장면 또한 물과 깊은 관계가 있습니다.

물이 곧 아버지이시기에,

가장 쉽게 당신 스스로를 나타내신 물은 아버지의 거울입니다.

우리 인간의 몸은 70%가 물로 구성되어 있습니다.

누군가가 행복의 에너지를 주면 행복해지고

누군가가 모욕을 주면 기분이 나빠지는 이유가

우리의 몸이 물로 가득 차 있기 때문입니다.

인격과 뇌도 물에 잠긴 잠수함이며

오장육부도 물에 잠겨 있습니다.

저희 몸 자체가 물을 담는 그릇입니다.

그래서 주문기도를 하거나 수행을 하면

자연히 물그릇은 답을 알고 있습니다.

물은 진실한 물질이어서 말하는 그 사람의 꿈을

현실로 그대로 실현시키려고 할 것입니다.

내 몸에 가득 차있는 물은 제 꿈을 알고 있기에

그 꿈을 이루기 위해 건실하게 꾸준히 활동할 거라 믿고 있어요.

아버지.

『도전』에는 김자현 성도님의 어머니가 목숨이 다했을 때

김자현 성도님이 샘물을 길어 정성껏 청수를 모시고

상제님께 사배를 드리고 기도를 올린 후,

부符를 그려 어머니의 머리맡에 두었습니다.

물은 김자현 성도님이 일심으로 올린

진실한 기도소리를 듣고 기억해서

하느님께 정확히 알려드렸던 것이지요.

이튿날이 되자 어머니는 언제 아팠느냐는 듯 나았습니다.(10:99)

물은 우리의 마음을 하늘에 전달합니다.

물 결정의 모양은 육각형 별모양으로, 육임조직체와 같습니다.

상제님께서는 성도들을 공부시키실 때

각기 청수를 모시고 글을 읽게 하셨습니다.

성도들이 사발, 바가지 등의 그릇에

깨끗한 물을 떠놓고 공부를 했던 이유는

바로 물은 공부하는 마음을 다 듣고 있기 때문입니다.

우리의 기도와 수행소리를 들은 물은

지혜를 담은 복록수가 되고, 우리는 그것을 다시 마십니다.

물속에 담긴 지혜를 마시면 핏줄을 타고

그 지혜가 몸속에서 흐르는 반응이 보입니다.

그래서 『도전』에 보면 마음이 순수한 이들에게는

물바가지 안에서 노는 미꾸라지도 보이고,

잉어도 보였다고 합니다.(3:244)

소원의 기도를 올릴 때나 공부를 할 때

물을 떠놓고 하는 이유를

이제 확실히 이해하게 되었습니다.

아버지께서는 성도들을 입도시킬 때

청수를 떠놓고 그곳을 향하여 사배를 드리게 하셨습니다.

그리고 태을주를 21번 읽게 하셨습니다.

그만큼 물은 진실하게 그 자리를 증명하고

그 사실을 알고 있습니다.

아버지.
신비한 물이 저희 곁에서 있으니
저 또한 물처럼 진실한 사람이 되겠습니다.
안녕히 주무세요.

4

기쁜 승리의 선물

아버지.

"장차 동서양을 비빔밥 비비듯 하리라."(2:58) 말씀하셨지요.

진지 드셨습니까?

또 비빔밥으로 드셨습니까?

적은 밥 양으로 성도님들과 나누시려면

밥이 모자라 반찬을 넣고 비벼야

나눠 먹을 수 있는 양이 되었을 것입니다.

그래서 때때로 아버지께서 직접 비비셨을 거라 생각합니다.

저의 뇌 주머니를 보살펴 주시옵소서.

제 기억이 미미하다 하지만

그렇다고 해도 시천주주와 태을주는 영롱하게

기억의 중앙부에서 빛을 내고 있습니다.

잠을 자고 있을 때도

뇌 중앙부 송과선松果線에서 자리를 잡고 푸른 빛으로 빛납니다.

눈을 감고 숨을 길게 내쉬면 그 자리에 계십니다.

아버지께서는

"일기가 청명淸明하고 바람 없이 고요한 날,

깊은 물에 돌을 넣으면 소르르 들어가는 그러한 마음으로
한 시간만 나아가도 공부가 되느니라."(9:202) 이르셨습니다.
제가 마음을 모아 작은 기도를 할 때면
저만의 기쁜 옹달샘 곁으로 갑니다.
가끔 바라던 작은 일이 이루어졌을 때는
기쁨의 샘에서 아버지의 딸임을 감사드리곤 합니다.
제가 아버지의 방으로 왔다는 그 사실 하나만으로
일상의 엄청난 개벽이며 기쁨입니다.
아버지와 저는 하나이고
언제나 아버지의 뜻만을 수행하렵니다.
그리고 이 일을 해야만 합니다.
아버지의 소망이 그 시간 그때에 이뤄질 수 있도록
해내야 한다는 생각뿐입니다.

시천주주, 태을주는 저희의 세상일도 순리대로,
흐르는 물처럼, 부드러운 솔바람같이
알게 모르게 잘 되도록 보살펴 줍니다.
왜냐하면 저희는 아이이기 때문에
엄마의 젖을 먹어야 삽니다.
아기는 한시도 엄마 눈에서 떨어지지 않는 가운데
사랑을 받으며 성장합니다.(7:73)
아버지의 한없는 깊은 사랑을 믿고 그 안에 잠겨서
내 정신을 한곳에 집중하여 기도와 공부를
하루 이틀 삼일 꾸준히 하면 스스로 놀라게 됩니다.
그 놀라운 맛을 체험할 때면

제 자신도 가늠하지 못하는 내면의 기쁜 향기를
오롯이 맡을 수 있습니다.
'아버지로부터 칭찬선물을 받는구나' 하고,
스스로 장하다고 칭찬도 해보고 싶습니다.
시천주주와 태을주를 읽으면 그 자체로서 기쁨입니다.
어떤 경우를 막론하고 '승리'이며
'생명이 이기는구나' 하는 감사를 하게 됩니다.
시천주주, 태을주를 노래하며,
시천주주, 태을주를 읽으며,
시천주주, 태을주에 조상님들과 제 뼈를 심습니다.

5

비밀노트

사랑하는 아버지, 어머니시여.

오늘은 이른 아침부터 행주에 넣을 그림을 그려서

그 본대로 한 땀 한 땀 수예를 놓고 있어요.

일주일에 한번 후배들과 만나 바느질을 하면서

웃는 그 시간이 참 즐겁습니다.

지금 놓는 그림은 가운데에 파랑새 한 마리가

나뭇가지에 앉아 하늘을 우러러 보고 있는데,

발아래엔 하얀 초롱꽃 네 송이가 피어나고 있습니다.

마치 저의 형제자매처럼요.

그런데 같은 가지인데 중간 꽃은 무슨 이유인지

빨리 시들하더니 꽃송이가 떨어지고 말았어요.

아버지의 기운이 온 대지에 가득 차 있다는 것을

진즉 깨달았다면 제 동생을 잃지 않았을지도 모릅니다.

꽃의 송이도 다르고 각자 쥐고 있는 수명도

확연하게 큰 차이가 있다는 걸 느낍니다.

『도전』에 보면, 아버지께서 정겹게 말씀을 나누실 때엔

마치 봄바람이 온 대지에 가득 찬 듯하고,

일의 사리를 밝히실 땐 강물이 물결치듯 풀어 놓으시며,

행동하시는 모습이 호호탕탕하여

그 폭을 잡을 수가 없었다고 하십니다.

그래서 차경석 성도가 상제님께 향한 마음이 지남철 같이

이끌렸습니다.

예사로운 분이 아님을 느껴

곧 제자로 아버지를 따르려는 마음을 정하게 되었습니다.(3:180)

그로부터 120여 년이 훌쩍 흐른 지금,

아버지께서 창생들이 배고픔에서 벗어나도록 하는

천지공사를 보신 덕분에 지금은 넘치도록 풍족해져

굶주리는 사람은 사라졌습니다.

그런데 사람과 사람 사이의 인정은 예전만 못합니다.

예전 제가 어릴 때는

아기가 돌이 되거나, 이사를 오거나, 집안에 경사가 있을 때

떡을 해서 동네에 돌리면 답례로 쌀이나 실패 등을
빈 접시에 담아 보내곤 했습니다.
그러나 언제부터인가 음식을 가지고
옆집 문을 두드리는 행위는 사생활 침해이며,
감시 카메라가 있어 함부로 문을 두드릴 수조차 없습니다.
혹 범죄행위에 이용될 수도 있기에
누구도 믿지 못하는 불신의 시대가 되었어요.
옆집의 봉숭아 잎을 따서 백반을 넣고 찧어
함께 봉선화꽃과 잎을 따다 백반을 넣고 이깨어
벌 손톱을 붉게 물들였던 한여름 날의 유년시절과는 완전히
다릅니다.
모든 일상을 핸드폰으로 주고받고
모든 정보를 바로바로 얻을 수 있고,
문명의 발전은 가속도가 붙어 나날이 빠르고 편리하게 변해가지만
아쉬움과 씁쓸함이 남는 건 어쩔 수 없나봅니다.

아버지.
잠시 여기 서서 아버지를 바라봅니다.
칼날을 세운 겨울바람은 저만치 가고
부드러운 봄바람이 불어옵니다.
벚꽃, 개나리, 목련, 사과나무 등
꽃향기 날리는 봄기운을 통해
아버지께선 어떤 새로운 계획을 구상하고 계시온지
일러 주옵소서.
'온 대지에 가득'이라 하면

『도전』 기운이 꽃바람처럼 향기롭게
온 세계로 뻗어나간다는 의미입니다.
백여 년 전엔 나라도 빼앗기고 약소국가였던 우리 한국.
6.25 전쟁 후 세계에서 가장 가난한 국가였던 우리나라가
아버지의 천지공사에 의해 불과 수십 년 만에
문명이 꽃처럼 피어나 IT 강국이 되고,
세계에서 주목하는 선진국으로 부상했습니다.
한국의 스마트폰이 세계인들의 손에 쥐어지고,
K-Pop의 꽃바람이 지구촌에 가득 붑니다.
그런가 하면 아버지께선 일찌감치 120년 전에
앞으로 새로운 부엌 시스템과
수세식 화장실이 등장할 것을 공사로 보셨고,
하늘에 쇠로 만든 잠수함 같은 것이
둥둥 떠다닐 것이라 하시며
온갖 문명이기 공사를 보시면서
꼭 그렇게 되리라고 말씀하셨습니다.

아버지께서 어느 날
"온 세상이 나를 찾을 때가 있으리라."(6:5) 하셨습니다.
또 구릿골 위 청도원 골짜기에 물이 차 호수가 되고,
구릿골 앞 둠벙이 금평제가 되어
모악산 가슴자락이 엄마의 젖통처럼
물이 차고 넘치리라 하셨습니다.(4:105)
당시에는 그 골짜기에 물이 가득 찰 거라는 상상을
누구도 하지 못했을 것입니다.

그러나 아버지께서 어천하신지 110여 년 뒤에
청도원 저수지에 물이 가득 차 청도제가 만들어졌습니다.
청도원 고개를 넘으실 적에
갑자기 내린 소나기로 가득 불은 냇물 위를
한 걸음으로 단숨에 건너신 아버지(3:246).
비가 와도 옷이 전혀 젖지 않으시고,
깊은 물에 들어가셔도 물 한 방울 묻지 않으셨습니다.
또 칼로 손을 그어도 피 한 방울 나지 않으셨습니다.
아버지께서는 기운이 강하시어
쇠를 만지면 쇠가 물렁물렁해졌고
집 기둥도 뽑아 다시 박으셨습니다.
이렇게 아버지를 생생하게 묘사한 『도전』을
세상은 찾고 있습니다.
그 많은 아버지의 기적들이
이미 다 현실로 이뤄지고 있어요.
근래에는 비가 와도 젖지 않고
툭툭 털어 입는 기능성 의복들이 많이 나오고,
빗물에 젖지 않는 신발도 물론 있습니다.

또 "장차 쇠꼬챙이에서 불이 나와
방안에서 세상을 다 볼 수 있게 되느니라.
또 멀리 있어도 옆에 있는 것처럼
서로 얼굴을 보면서 얘기하는 좋은 세상이 오리라."(7:7)하셨지요.
지금 세상은 아버지께서 말씀하신 그대로입니다.
인터넷과 스마트폰은 가히 혁명적으로

전 세계를 하나로 만들었고,

칼에 베이지 않는 장갑, 물렁물렁한 쇠, 잠수함,

날아다니는 자동차, 사람을 실어 나르는 제트기까지

이미 이 지구는 후천세상으로 발을 내딛고 있습니다.

"선천은 기계선경機械仙境이요,

후천은 조화선경造化仙境이니라."(7:8)

그런데 아버지,

세상은 물질 만능시대로 바뀌어져

예전보다 더 사악해졌습니다.

사람들은 이름조차 모르는

많은 질병들의 위험에 노출되어 있고,

무엇보다 다양한 종류의 전쟁에 대한

공포와 두려움 속에 살고 있습니다.

이런 거대한 팬데믹이 엄습해도

때가 되면 봄바람이 온 대지에 가득 차듯이,

하느님을 한 마음 일심으로 모시며

앞으로 지구마을 전체에

아버지의 소식이 가득할 것을 믿습니다.

온 세상이 아버지를 부르며 찾을 날이 온다는

그 말씀이 가까이 귓전에 들려옵니다.

구름 위에 계시며(10:120) 마당을 내려다보시는 아버지.

아버지를 부르는 소리가 더욱 가깝게 들려옵니다.

지금 세상의 하늘은 저 만치 높고 먼 하늘이지만

앞으로 오는 세상의 하늘은 나지막하여
사람들의 키에 맞게(7:7) 해주리라 하셨습니다.
아버지.
하늘이 나지막하다면 마치 실내처럼
전세계 인구가 한 방안에 모여 있는 것 같을 것입니다.
'지구마을'이 아닌, '지구 한가족'이라는 표현을
벅찬 기쁨으로 말씀드립니다.

아버지.
마스크를 쓰지 않으면 잠깐의 외출도 눈치 보이는
힘겨운 병란을 잠시 접고
좋은 세상만을 상상해 보았습니다.
좋은 문명과 세상을 열어주셔서 감사드립니다.
안녕히 주무십시오.

6
제 주둥아리가(9:196)

아버지, 간밤에 잠을 푹 주무셨는지요?
조화를 부리시느라 밤잠을 설쳤다고 하신 아버지.
새벽녘에 혹시 천지조화를 행하셨는지요?

누가 『도전』을 읽지도 않고
미리 재미없을 거라 말을 합니까?
누가 『도전』이 구리텁텁한 옛날 책이라고
입을 삐죽거립니까?
누가 이런 책도 있었냐고 시부렁대겠습니까?
아버지, 제가 그랬습니다.
이스라엘의 역사서인 성서는 중히 여겨
온갖 작은 동네의 골목길과
그 사도들이 쏘다니던
우물이 있던 거리까지도 다 압니다.
다른 나라의 역사나 지리 문화는 꿰차고 있으면서
정작 우리나라의 고대 역사와
지리와 문화에는 무관심했습니다.
실제 역사로 전해 내려오는
우리 시조와 우리 한민족의 삶, 단군시대의 문화,

조상님들의 발자취와 일상사를 진솔하게 담은 책은
'안 읽어도 잘만 산다'며 고집을 꺾지 않고
아예 알아보려고 조차 하지 않았습니다.
제 주둥아리가 아버지의 가슴을 세 번이나 마구 밟았습니다.
잘 알지도 못 하면서 말입니다.

"말이 앞서면 못 쓰는 것이니라."(9:196) 하신 말씀을 읽고서야
저를 두시고 하신 참 말씀이란 걸 문득 깨달았습니다.
처음엔 가슴이 철렁 내려앉았고,
어떻게 용서를 청해야 할 지 긴 한숨만 자꾸 나왔습니다.
『도전』이 재미가 없다니요. 잘못했습니다, 아버지.
『도전』이야말로 우리 민족의 영혼이 찢기고
창자가 끊어질 듯 한 굶주림 속에서 고통받던
불과 120년 전, 이 땅에서 행하신
아버지의 천지공사가 생생하게 전개되는
스펙터클한 영화관입니다.

우주의 주인이신 아버지 천주님에 대한 목마름,
배고픔에서 구원해주실 으뜸자이시며
뛰어난 민족을 구원해주실 분에 대한 기다림이었습니다.
마을마다 고을마다 배고픔에 허기지고,
양반과 상놈, 남녀차별 등
고질적인 사회 부조화 속에서도
서로 의지하며 정을 나누던 착한 민족이었으며
선배 조상님들이었음에

저는 송구스러운 마음으로 『도전』을 펼칩니다.

제가 미처 몰랐던 『도전』,

그 속에는 그리운 시절

우리 조상님들의 살아있는 역사가

사실적인 풍경 그대로 마치 영화 필름처럼

생생하게 펼쳐져 있습니다.

수천 년 전부터

바다로 둘러싸인 동방 땅에

미륵불이신 천주님께서 인간으로 강세降世하시리라는

예언이 전해져 왔습니다.

하지만 왜, 그 위대한 역사가 이스라엘이나

다른 나라에서나 가능한 일이요,

우리 땅에서는 이루어질 수 없는,

사람들이 지어 낸 미신같은 이야기라 합니까? 왜!

우리 대지에 우주의 주인이신 위대한 아버지께서

강세하시면 안 되는 이유라도 있습니까?

하느님이 인간으로 오심을 무조건 부정하는 이유는

어디에서 나온 것일까요?

사람들은 하느님의 아들 예수님이 인간으로

나사렛에 오심을 환영하여 예수님께 전 생애를 바칩니다.

하지만 가을개벽기에 인간 열매 씨종자를 살려서

후천세상으로 넘어 가도록 하기 위해

이 땅 한반도에 아버지 천주님께서

직접 인간으로 강세하심을 믿지 못하겠다는 생각은

바꿀 필요가 있습니다.

우주의 순환법칙을 조금이라도 안다면
스스로 고정관념을 바꾸는 사고의 전환
즉 작은 개벽이 일어나야 하는 때입니다.

인간 스스로는 우주의 여름에서
가을로 넘어갈 수가 없습니다.
그래서 신인, 우주의 하나님께서 직접 오신 것입니다.
오랜 세월 핍박 받으며 살아온 것이 습관이 되어
'참말로 미륵존불이 오신다고? 허풍일거야.
설마 우리 땅에 오실 리가 있겠어?' 하며
사람들은 미덥지 못한 시선으로 바라봅니다.
우리의 것은 설마 설마 하며 업신여기고,
유럽이나 인도나 다른 나라에서 일어난 예언이라 하면
긍정적인 모습을 보이는,
이런 무조건적인 사대주의적 태도는
바람직하다고 할 수 없습니다.

아버지.
저는 이 진화된 문명시대에
제 생각을 바꾸고 의식을 확장하려고 합니다.
미래에 열릴 조화문명 세상으로 넘어가려면
지금 지구촌에 닥친 괴질 바이러스의 병란을 딛고 일어나야
합니다.
사회경제의 변화와 붕괴, 인류의 생사문제를
열린 마음으로 직시해야 합니다.

결론은 아버지의 주문 시천주주와 여의주如意呪 태을주.

생명을 살리는 시천주주와 태을주 수행으로

몸을 딴딴하게 단련해야 한다는 해답이 나옵니다.

한 사람 한 사람 개인의 개벽 불꽃이 저에게도 점화되어,

더욱 성숙한 모습으로 변화된 아버지의 일꾼으로

제자리를 잡아가길 소원하옵니다.

오늘도 저희 꿈을 꾸시며 안녕히 주무시길 빕니다.

7

벌은 규모 있는 벌레(3:180)

아버지.
어제 『도전』에서 읽었던 꿀벌을 생각하며
아침잠에서 깨어났습니다.
안녕히 주무셨는지요?

꽃가루를 묻혀주며 꽃의 꿀을 빨아먹는 벌을 만드신 아버지.
말벌도 만드신 기억이 나십니까?
그날 아버지, 말벌에게 쏘여 혼이 난 적이 있습니다.
시골에서의 여름날이었습니다.
정원에 꽃들이 많아서인지 처마에는 벌들이 날아들었고
더러 벌의 작은 집을 발견하곤 했어요.
처음엔 벌들을 경계했지만 제 할 일만 열심히 하는
작고 얌전한 곤충이라 생각되어 신경을 안 쓰기로 했습니다.
주인이나 가족들을 알아보고
쏘거나 귀찮게 안 하는 작은 요물 같았습니다.
그 작은 생명체가 주인을 알아본다는 게 참 신기했어요.
벌들은 규모(3:180)있고 영리해서
우리 가족들이 마당에서 일을 하거나 돌아다녀도
기특하게도 쏘지 않았습니다.

혹시나 모르고 자기네 집 주변에 가려 하면
문지기 벌이 비켜달라고 잉잉대며 몰아내곤 해서 귀엽게 여겼어요.

그런데 어느 날 마당에 보통 꿀벌보다 몸집이 크고
눈알이 디룩디룩한 말벌 녀석 몇 마리가 날아왔어요.
며칠 동안 정원을 돌아다니면서
이 정원의 분위기를 살펴보는 듯했습니다.
어느새 꿀벌들이 차츰 없어지고
말벌들이 정원을 정복하고 말았어요.
어느 날 대낮에 말벌들은 눈알을 굴리며
주인인 나에게 쌩하고 날아와
내 얼굴을 들여다보며 위협을 주는 거예요.
까불면 당장 쏠 거야 하는 경고가 난폭하게 들려왔습니다.
'그래, 알았다 오바'라고 저도 답을 해주었습니다.

그즈음 대문 앞에 있는 박태기나무에
벚꽃처럼 화사한 분홍빛 박태기 꽃들이
마치 물감을 칠한 듯, 만발하게 피어나 있었어요.
나뭇가지가 대문 앞까지 뻗어
사람이 들락거리는데 불편을 줄 정도였어요.
저는 가위를 들고 나가 옆으로 비죽 나온 가지를
서슴없이 잘라 버렸습니다.
순간 저는 뒷걸음을 치며 뒤로 넘어지고 말았어요.
벌침이 몸안 어딘가에 들어간 듯 짜르르 느껴졌어요.
잘려 나간 나뭇가지 바로 근처에 말벌의 작은 둥지가 숨겨져 있었고

밀납 안엔 하얀 새끼 벌들이 있어 큰 말벌들이
그들을 보호하고 있었다는 것을 저는 전혀 몰랐어요.
말벌은 본능적으로 제게 침을 쏠 수밖에 없었던 것이었습니다.
시간이 흐를수록 저의 몸은 알아볼 수 없을 정도로 퉁퉁 부어
한쪽 팔은 나무 기둥처럼 부풀어 올랐어요.
즉시 병원의 신세를 져야 했고
주사로 독소를 씻어내야 하는 끔직한 경험을 했습니다.
말벌의 용맹과 어린 가족을 지키기 위해 공격을 했던
작은 존재를 다시 생각하게 되는 특별한 경험이었습니다.

그 후부터 꿀벌에 더 관심을 가지게 되었습니다.
꿀벌들의 부지런한 모습, 체계적인 방어,
다리에 묻혀온 꽃가루를 문앞에서 탈탈 털고
집으로 들어가는 모습을 보니 대견스러웠습니다.
그리고 6, 12, 18, 24로 이어지는 육각형 모양의 집과
그 안에 빼곡히 들어차 있는 알들,

그것을 지키는 여왕벌과 일벌들의 삶을 잊지 않고 있습니다.

그런데 『도전』에,

주막에서 차경석 성도와 아버지께서 처음 만났을 때,

차경석 성도의 국사발에 벌이 날아와 빠졌습니다.

빠진 벌을 언짢은 얼굴로 내려다보는 그에게

상제님께서 "벌은 규모 있는 벌레이니라."(3:180) 하셨습니다.

저는 '규모 있는' 이라고 말씀하신

그 이유를 생각해보며 아침에 눈을 떴습니다.

벌은 육각형의 집을 짓는데

저희가 육임을 짜는 이치를 꿀벌의 집과 대조를 해봅니다.

그 흔한 파리가 빠질 수도 있건만

벌을 선보인 뜻은 무엇일까?

첫 만남의 당시엔 태을랑 조직, 육임조직공사(6:52) 등을

차경석 성도는 모르셨을 것입니다.

육각형은 앞이나 뒤, 양쪽으로도 쓰러지지 않도록

견고하게 받쳐주는 탄탄한 구조의 집이 될 수 있습니다.

외부로부터 충격을 받아도 육각형 구조는

그 충격의 강도를 80%까지 안전하게 흡수한다고 합니다.

아버지.

그 후 아버지께서는 차경석 성도를

하루 종일 서 있게도 하시며 크게 경계하셨지요.

몇 번이나 못 미더워 하시며

"네가 이후에도 지금 나를 모시고 있을 때와 같이

마음이 변하지 않겠느냐?

만약 변한다면 이 망치로 더수기를 칠 것이요,

이 칼로 배를 가르리라."(6:55) 하시며

강력히 경계하신 말씀을 『도전』에서 읽었습니다.

그 후에도 여러 차례 차경석 성도를 시험하셨습니다.

그 만큼 중대한 사명을 맡기실 의향이 계심을 짐작하게 됩니다.(6:91)

상제님께서 어천하신 후 차경석 성도는

성도들과 함께 금강산에서 나무를 구하여

보천교의 본당인 당대 최고로 웅장한 십일전을 지었습니다.

그러나 이후 십일전 건물은 일제의 탄압으로 허물어지고

그 재목들은 서울 안국동에 있는 조계사의

대웅전을 짓는 데 사용하기에 이르렀습니다.

혹시나 첫 만남에서 아버지께서 말씀하신

닭국 그릇에 빠져 죽은 '규모있는 벌'의 의미가

먼 훗날의 십일전을 두고

상징적으로 보여주신 건 아닌지 의문을 품어봅니다.

아버지.

저도 규모있는 계획을 세워

외부에서 어떤 충격을 받더라도 다 받아들이고

흡수력이 강한 일꾼이 되어

일심으로 버텨 나갈 수 있는 힘을 기르겠습니다.

벌써 사위가 어둑한 밤시간이 되었습니다.

편안히 주무십시오, 아버지.

8

나의 일은 고목에서 움이 돋고(6:65)

아버지시여, 밤새 안녕히 주무셨습니까?
어제 한밤중에 골목길에서 K-Pop 가수들이 사진을 찍는다 하여
청소년 학생들이 아우성을 질렀습니다.
간밤에 그 시끄러움 속에서 잠을 설치셨을
아버지께 아침인사를 드립니다.

『도전』을 읽다 보면 그 속에
아버지의 외로움이 절절이 묻어 있음을 느끼곤 합니다.
그 시절은 아직 문명화되지 않은 세상이었기에
무지하고 답답한 사람들도 많았을 터라
상제님 천지공사의 참뜻을 깨닫는 데에
너무도 더디었을 것이라 생각됩니다.
하지만 인내하시며 성도님들과 9년 동안
천지공사를 쭈욱 끌고 오신 아버지를 바라봅니다.
누구 하나 도와주는 이 없던 그때 숨막히던 시간들.
16살의 청소년 시절엔 남의 머슴도 사시고,
시루산 산마루에서 산천이 흔들리도록 크게 울기도 하신 아버지.
눈물이 많으셨던 인간적인 아버지.
지금도 울고 계시는지요?

지난번에도 말씀드렸지만 중요한 의미가 있는 것 같아
또 한 번 깊이 파고 싶은 대목이 있습니다.
아버지께서는 "나의 일은 고목에서 움이 돋고,
이 움 속에서 새끼를 낳아 꽃이 피고
열매가 되어 세상에 풀어지느니라."(6:65) 하셨습니다.
아버지께서 말씀하신 이 고목이
무엇을 상징하는지 생각을 모아보았습니다.
고목의 생명력은 생각보다 질기고
오랜 세월동안 삶을 견뎌왔기 때문에
만약 고목이 여전히 그 생명을 지키고 있다면
앞으로도 계속 살아갈 가능성이 충분할 것입니다.
"나의 일을 꼭 된다. 물 샐 틈 없이 꼭 된다."(6:65)
하신 말씀을 새기면서 고목을 더듬어 봅니다.
바위가 오래되면 고석이요, 오래된 물은 고수요,
오래된 집은 고가라 합니다.
수십 년, 수백 년 풍파 속에서도 생명을 지탱하며
근근이 살고 있는 나무를 흔히 고목이라 부르지요.

대우주는 무구한 시간에 젖어 있고,
인간의 뇌구조로는 태양계의 역사도 합산하기 어려울 정도로
우주는 억겁의 시간을 영위하고 있습니다.
인간의 시각으로 볼 때 지금의 지구는
46억 년의 시간을 지낸 별, 고성古星입니다.
그런데도 우주 안에서 지구는 아직 젊은 별이라고 합니다.
아버지께서는 젊고 생생한 나무도 많은데

굳이 고목을 가리키신 데는 그만한 이유가 있을 것입니다.
고목은 수십 수백 년 동안 여름날 태양빛과 강한 태풍,
긴 겨울의 독한 추위를 견디며 여러 환경 속에서
사계절 변화를 숱하게 겪으면서 살아왔습니다.
오랜 세월을 살아온 나무에게서
새 생명이 움튼다는 것은 늘 있는 당연한 일입니다.
겉으로는 늙고 힘없어 보일지라도,
아직 어렵고 험한 환경을 경험해 보지 않은 청년나무보다
오히려 더 든든하고 신뢰할 수 있을 것입니다.

아버지.
물론 오래된 보리수 나뭇가지 잎새의 작은 떨림도 아름답고,
줄기마다 세월을 머금은 노송의 기품은
그야말로 천연기념물이라고 할 만합니다.
그런데 새벽에 여명을 뒤로 하고 서있는 고목이나
붉게 물든 석양의 불타는 하늘구름을 이고 있는 고목,
천년을 넘은 반얏트리(Banyan tree. 벵갈 고무나무)
고목들의 기품을 보노라면
나무의 신령님이 지켜주시는 신비스러움마저 들게 합니다.

아버지.
실로 따져 보면 저희 대한민국도 고목이 아닐런지요.
무구한 역사를 지닌 우리 민족의 뿌리를 거슬러 올라가 보면,
1만 년에 이르는 구구한 역사를 살아온 우리 대한은
지구마을에서 하느님을 섬기는 신교神敎문화의 종주국입니다.

그래서인지 고인돌은 저희 나라가 가장 많습니다.

3,000년 동안 이어진 환국 시대의 12개 국가 중

수밀이국이 중동으로 흘러가 수메르 문명이 탄생했고,

이후 환국은 배달국 시대, 단군왕검 시대, 열국 시대,

고구려, 백제, 신라, 가야의 사국 시대를 지나

통일신라와 발해의 남북국 시대를 거쳐 고려와 조선 시대

그리고 지금의 남한과 북한의 분단 시대에 이르기까지

9천여 년의 긴 역사를 거쳐 온,

지구촌에서 가장 오래된 고목의 나라입니다.

또한 그 긴 뿌리에서 쭈욱 뻗어 내려와

마침내 지구촌 문화를 열매맺는

인류 역사 문화의 종착지이기도 합니다.

우리나라는 지구촌 동과 서의 문명이 시작된 국가입니다.

이 귀한 동서 문화의 뿌리인 땅에

상제님께서 인간으로 강세하셨습니다.

아버지께서 우리 땅에 오심은 당연한 섭리가 아니겠습니까!

기나긴 역사를 지닌 나라,

조상들의 뿌리와 가지 사이로

새로운 싹이 움트고 잎이 돋았습니다.

새로운 가지들이 뻗어 꽃이 피고 열매를 맺게 되었습니다.

이 고목의 나라, 이 세상에서 가장 특별한

우리 대한에서 출간한 『도전』이

전 세계로 뻗어 나가는 기쁜 소식을 전하게 되었습니다.

아버지.

저는 이런 역사를 지닌 나라를

지구촌 온누리에 자랑하고 싶습니다.

이 깊은 밤

"썩은 고목에서 새순이 돋아나서 내 일을 이루느니라."(6:45)고

하신

아버지의 말씀으로 위안 받으며 잠이 듭니다.

아버지, 편안하게 안녕히 주무세요.

고목에서 움이 돋고, 2020 아침

9

깔다구니와 하루살이들아 (6:65)

아버지시여, 저희도 하루살이와 같습니다.
그런데 어느 누가 죽을 줄 알고 불빛 곁에서 깝죽거리겠습니까?
모르기 때문에 그렇습니다.

친정집에는 대문 옆으로 담이 길게 있었는데
그 끝부분 위로 높다랗게 알전등 가로등이 있었습니다.
골목 어귀로 어스름 저녁 빛이 스며들면
불을 밝혀 지나가는 사람들의 발길을 지켜주는
초록 모자를 쓴 가로등이었습니다.

아버지, 기억이 나시지요?
여름날 울타리 콩의 주홍빛 꽃들이
몰랑몰랑 피어났던 그 담 말이에요.
초록 모자의 가로등 밑에는
하루살이들이 깔딱거리며 날아왔다가 사라지곤 했어요.
때로는 불나방들도 모여 들었는데,
그 벌레들은 위생시설이 안 된
웅덩이에서 서식하는 벌레들이라 불쾌감을 주었습니다.
사람의 피부에 닿으면 균을 옮길 뿐 아니라

피부질환을 일으키기도 합니다.
이 벌레들이 불빛에 취해 죽는 줄도 모르고 모여들었다가
이튿날 아침이면 길바닥에 껍질만 남기고 다 죽어 있었습니다.

아버지.
『도전』을 보면서 지난날에는
깔다구니가 서식했었다는 걸 알게 되었습니다.
이 벌레 역시 오염이 심한 더러운 물이 고인 웅덩이나
수채 속에서 오염 물질을 빨기도 하고
역시 피부질환을 초래하는 불쾌한 모기과 벌레입니다.
아버지께서 당신 주변에 모여든 사람들에게
"저것들 다 하루살이다.
깔다구와 하루살이가 불을 보고 달려드는 것과 같다."(6:65)
하신 말씀 때문에 저는 잠을 잊고
파고 또 파며 깊이 생각을 해봅니다.
결국 제가 얻은 답은,
'그래도 나는 하루살이나 깔다구니는 되지 말아야 한다'는
것입니다.
'한 번 사는 이 생애를 통해
아버지의 귀염받는 딸이 될 수 있도록 기도를 하자.'
이렇게 결심했습니다.
왜 아버지께서는 궁금하여 모여든 사람들에게
이런 벌레들 같다는 표현을 하셨는지요?

지금 다시 생각에 잠깁니다.

잠시 한두 번 도장에 왔다가면서 자신의 분위기와 취미,
사람들과의 관계가 맞지 않을 수 있습니다.
아버지께서는 이렇게 냄새만 맡고 돌아가는 이들을
나무라듯 비유하여 말씀하신 것이 아닐런지요?
한 마음, 일심으로 하느님의 일을
지속적으로 해보겠다는 결심을 한 이상,
하루살이나 깔다구는 반드시 면하고 싶습니다.
정신을 똑바로 차리고 살라는 일침일 것입니다.
그런 벌레가 되지 않도록
시천주주, 태을주 가득한 안전지대인 도장의 새벽수행에
매일 달려와야 한다는 생각이 자꾸 듭니다.

미물곤충들은 본능에 따라 행동하지만,
인간은 자유 의지로 스스로 생각하고 판단할 수 있는
지적능력을 안고 태어나는 고등존재입니다.
행복과 불행을 깨달으며 운명을 개척하기도 하고,
더욱이 우주의 주인이시고 자신을 창조해주신
아버지를 만나려고 노력하는 존재입니다.
깔다구니나 하루살이의 생이 되지 않도록
한번 결심한 마음을 아버지께 오롯이 드리겠습니다.

육임진주도수를 위해
생명의 꽃다발을 하나씩 가슴에 품겠습니다.
먼저 입도 대상자를 위한 꽃다발입니다.
입도가 완성되는 그날까지 매일 꽃들에게

영적으로 물을 주며 돌볼 것입니다.

지초꽃을 그리셨던 상제님을 생각하며

구릿골 약방 주위엔 어떤 풀꽃들이 피었을까 상상해봅니다.

지초꽃다발로 구분 지은 그 대상자에 대해

그 사람의 성격과 진리로 인도하기까지 소요될 시간을

기록합니다.

육임의 여섯 꽃다발이 완성되는 날부터는

모임을 가지고 우리끼리의 별이름도 짓고

우리만의 작은 태을문화를 만들 것입니다.

아버지께서 호연성도 앞에서 그리셨던 풀꽃들을

육임의 이름으로 붙여봅니다.

〈지초꽃 육임〉, 〈박꽃육임〉, 〈난초육임〉,

진주도수로 자유롭게 이름을 미리 지어둡니다.

지초꽃은 염증과 암을 비롯하여 여성의 냉증에 효력이 있습니다.

비만에 의한 변비, 빈혈, 만성두통,

어린이 경기 등에 쓰이는 약재꽃입니다.

그래서 내가 알고 있는 분들 중에

몸이 다소 비만하고 만성 두통으로

은근히 투정을 부리는 이들을 잘 봐두었다가

육임의 꽃이 될 수 있도록 기도를 해야겠어요.

그리고 육임마다 꽃잎을 붙이려고 합니다.

아버지.

오늘은 육임꽃잎의 순을 틔웠습니다.

친분이 있는 이로부터 전화를 받았는데,

저는 우리나라의 기쁘고 슬픈 긴 역사,

학교에서도 외면했던 우리 역사의 비밀을

공부하고 있다고 고백하였습니다.

같이 만나 공부하자고 하여

거리가 보이는 따뜻한 찻집에서 담소를 나누기로 하였어요.

오늘도 제 칠성별 주머니

(칠성별이 수놓인 외할머니께서 늘 차고 다니셨던 주머니)에서

지혜의 꽃씨 하나를 꺼냅니다.

10

칠성별 복주머니

아버지.
소한인데 봄날 꽃샘추위 같은 찬바람만 살짝 뿌리고
여유로이 지나갔습니다.
점점 지구마을이 따뜻해지는 것 같아요.
옛날 어른들께선 겨울로 들어서는 때가 되면 김장을 하고,
연탄을 광에 가득 채워 놓고
한겨울을 무사히 보낼 준비를 하시는 걸 보았어요.
마치 전쟁을 치루듯 집집마다 연탄을 꽉꽉 채워놓고
겨울나기를 했던 것을 기억할 만큼
예전의 겨울은 혹독하게 추웠는데 말입니다.
손가락 끝이 얼어서 쩍 달라붙을 정도였지요.

대한을 일주일 바라보는 주말입니다.
아버지께서도 생생한 꿈을 꾸셨는지요?
저는 간밤에 어머니와 손을 잡고
눈 덮인 반짝거리는 큰 산을 향하여 걸어갔습니다.
참으로 신기하고 기이한 꿈이었어요.
아버지께서 제 유년에 많은 추억의 씨앗들을
특별히 심어주셨음을 이제야 알게 되었어요.

오랜 세월을 기다려온 그 씨앗들이 마침내 발아되어
세상 밖으로 나오게 되었습니다.
60년 시간을 지나 원시반본原始返本으로 나를 돌아보면,
어린 시절 꼼꼼히 심어두신
조상님들의 소박한 마음이 와닿아 울컥합니다.
알게 모르게 스며든 외할머니의 일상의 자잘한 감성과
그 웃대 선령님들의 믿음직한 구근들이
제 가슴 밭에 발아하여 순이 돋아납니다.
저희는 인류 제사문화의 본고장에서 태어난 엄청난 선택을 받았기에
우리의 문화를 세계만방에 알려야 하는 의무를 지니고 있습니다.
우리 땅, 봉긋봉긋한 산들과 들녘의 논과 밭,
맑은 계곡물과 출렁이는 바다와 굽이굽이 흐르는 강,
풀꽃들이 서식처를 이루는 시냇물.
숨 막히는 절경이 온 대지를 어루만지고 있습니다.
삼면이 바다로 둘러싸인 반도 주위로
신선같은 수많은 섬들이 아름답게 흩뿌려져 있습니다.

천지의 주재자 아버지시여, 생명의 어머니시여.
사계절 밤하늘의 북두칠성은
변함없는 날개 품 아래로 이 땅을 마주보고 있습니다.
신교의 종주국인 우리나라는
거룩한 땅이 아닌 곳이 없을 정도로 구석구석이 성지이며
고대 고인돌의 유적지가 곳곳에 흩어져 있습니다.
올곧은 조상들의 피로 이 거룩한 대지는 지켜져 왔고,
마침내 아버지이신 증산 상제님께서

이 땅에 강세하시기에 이르렀습니다.
우주의 가을로 들어가는 대변혁기,
선천 상극의 시간표 속에 있는 인류를
천지공사로 살려내시고자 직접 인간의 몸으로 오셨습니다.
가을개벽기에는 무수한 종류의 지독한 괴질병들이 발생하여
지구촌 인류의 생명을 빼앗아 갑니다.
우리는 이러한 병란상황에서 세상 사람들을 살려내야 합니다.
여기에 더하여 자연재난으로 인해
위험에 처할 인류를 건져내어야만 합니다.
그리하여 과학, 의학, 예술, 영성문화가 최고도로 성장된
새로운 사회로 함께 건너가야 합니다.

사랑하는 아버지시여.
우리나라에는 지구마을에서 특별한 사명을 받은
많은 천사와 신장님들이 존재하시고,
삼신 하느님과 함께 그분들을 받들어 모시는
신교문화를 오랫동안 가지고 있었음을
옛 조상님들의 생활에서 뚜렷이 엿볼 수 있습니다.
저도 유년시절로 원시반본해서 돌아가 봅니다.
삼신, 옥황상제님, 증산 상제님, 복록수.
이 단어들은 제가 외할머니로부터 자주 들었던 말들입니다.
녹두꽃 노래와 '훔치~' 자장가는 3대로 이어져
저도 저의 아이들에게 같은 자장가를 불러줍니다.
외할머니는 때때로 방문을 바르고 난 뒤
남은 한지 위에 성냥개비로 하도, 낙서를 그리셨고,

시간과 절후를 손마디로 짚어
시계를 보지 않고도 시간을 말해주셨어요.
된장과 장을 담글 손 없는 날을 훤히 내다보셨고,
장 담그기 전날엔 목욕재계하시고
동백기름으로 머리를 곱게 빗고
은비녀로 쪽을 야무지게 지르셨습니다.

하늘을 나는 새와 미물들도 친구였던 외할머니.
집안의 중요한 일에는 좋은 날을 선택해 주셨고,
육십갑자를 다 외우고 복희팔괘도 아셨던 분이셨어요.
아무것도 모르는 어린 저에게는
자연을 생생한 스토리로 이야기해 주셨어요.
감나무와 달이야기, 호박꽃 호롱불, 창포, 굴러온 돌멩이,
하늘구경하기, 구름이야기, 훔치훔치 자장가 등이었습니다.
제가 지은 책『도시락 편지』속에서
이런 이야기를 제 아이들에게 들려주었습니다.
'오늘 시냇가 개아재비를 만져보니 어땠어?',
'네 나무를 정해서 사랑한다고 안아 주었니?'
이렇게 매일 아이들에게 손편지로 말을 걸어주었지요.
외할머니는 잠자기 전에 한지로 만든
낡은 소설책을 읽으셨는데
『임꺽정전』,『홍길동전』,『숙향전』,『혈의누』같은
만만찮은 소설들을 읽고 또 읽어
돌돌 만 한지책이 너덜너덜했습니다.
또 주먹만한 비단 도라지색의 복주머니를 만들어

허리춤에 차고 다니셨는데,

어쩌다가 제가 심보가 나서 고집을 부리는 날에는

저에게 이 복주머니를 열어서 보여주셨습니다.

어린 저는 호기심 가득한 눈으로

복주머니를 열고 구경하였습니다.

할머니는 칠성 복주머니라고 하시며

주머니에 7개의 별을 직접 수를 놓으셨습니다.

복주머니는 할머니의 고쟁이 속에 있었는데,

저를 무릎에 앉히시고

칠성 복주머니를 만지작거리실 때면

손수 수놓으신 별들이

어린 제 눈엔 밤하늘의 별처럼 반짝거렸습니다.

6각형의 주머니 안에서는

할머니의 아버지에게서 받은

네모난 구멍이 뚫린 엽전들이 달그랑 소리를 내었어요.
은으로 만든 귀후비개의 끝에는
이제 생각해보니 칠보로 만든 도라지꽃들이
미끄러질 듯 매달려 피어 있었습니다.
자개농의 이 빠진 진주나
개미새끼가 들어있는 송진 호박 단추들,
접는 조그마한 칼을 그대로 넣고 빼는
손가락 크기의 칼집도 있었습니다.
그 예리한 칼은 여러 가지로 쓰임이 많았어요.
단추같은 구슬들도 모여
칠성별 주머니 안에서 소복하게 놀고 있었습니다.
단오가 되면 싱싱한 초록 대파 같은 창포의
긴 줄기 잎들을 삶아서 제 머리를 감겨주셨습니다.
치마저고리를 입혀 주시고,
칠성복주머니 안에 들어 있는 가늘고 기다란 도장으로
제 머리 가르마 위에 붉은 동그라미를 꾹 눌러 찍어 주셨습니다.
이래야 북두칠성의 딸이라며.

이제 시간이 흘러 제가 할머니가 되어 보니
외할머니는 순수한 어린이 마음 그대로이셨습니다.
또한 지극 정성으로 생활 속에서 하느님을 받들어 온
분이셨습니다.
매순간 하느님의 딸이라는 자부심을 생활 속에서
손녀인 저에게 강하게 보여주신 분이셨습니다.
시공간을 뛰어넘어 할머니의 상제님을 사랑하는 방법이

잠자는 저를 일깨워 주셨고,
날이면 날마다 저에게도
'너의 이웃에게 우주의 주인이신 아버지를 전하라'고
하시는 것만 같습니다.

아버지, 저의 유년시절에
특별한 외할머니와 같이 살게 해주셔서 감사드립니다.
덕분에 풍요로운 유년의 아름다운 기억들을 품게 되었어요.
저도 이웃에게『도전』에서 펼쳐지는
우리 민족의 아름다운 서정 문화를 널리 알리는 데
적극적으로 힘을 쓰겠습니다.
아버지, 제가 들려드리는 시천주주와 태을주 자장가로
안녕히 주무세요.

오신 손님

1

오신 손님

아버지, 좋은 꿈 꾸셨습니까?
"꿈에 한 일도 내 일이니라."(5:266)
하신 말씀을 읽고 좋은 일들을 그리며
시천주주와 태을주를 읽고 자야한다는 생각을
놓칠 수가 없습니다.

세상은 쾌락으로 물들고 온갖 정보들로 넘쳐나지만
정작 아버지의 구원 소식과는 상관없이
더 편하고 더 쉬운 길로만 가고 있습니다.
문명이 발달할수록 갖가지 질병들은
끊임없이 인간의 건강과 생명을 위협하며
밀물과 썰물처럼 왔다가 사라지기를 반복합니다.
마치 인간세상을 조롱하듯 말입니다.
온갖 질병은 사회 경제질서를 파괴하고,
검은 먹물처럼 깊숙이 번져오는 병란은
변이를 거듭하며 스스로 증식해나가고 있습니다.
이 질병의 힘은 역사상 그 어느 전쟁보다 강력하여
오늘의 첨단문명의 생활환경을 무기력하게 만들어 버렸습니다.
여기저기에서 터져 나오는 경제붕괴의 우울한 상황은

전쟁 이상의 막대한 타격과 손실을 가져와
앞날에 대한 막막함과 불안감을 부추기고 있습니다.

수많은 바이러스에 무방비로 노출된
이 시간대에 와서야 돌이켜봅니다.
지금의 이런 현상들은 무엇을 의미하는 것일까.
문득 한 생각에 집중하지 않을 수 없습니다.
우주의 시간표대로 매듭이 조여지며
가을우주를 향한 그 첫 관문에 들어섰다는 것입니다.
'천한 사람, 궁한 사람 그들이 곧 내 사람이다.',
'부귀한 자는 자만자족하여 이득에만 몰두한다.',
'빈궁한 자라야 운수가 조여들 때마다
나를 생각할 것이니 그들이 나의 사람이다.'(2:55) 하신
아버지 하느님의 말씀을 제 마음에 다시금 깊이 품어봅니다.
'부디, 제 이웃의 생명을 지켜주시옵소서.
착한 일꾼으로 성장하여
아버지의 천지공사를 빛나도록 하겠습니다.'
먹고 살기에만 급급한 사람들은
『도전』 이야기를 꺼내면 하늘 끝만 바라보고,
부유한 사람들은 온 마음과 정신을 이곳에만 빼앗겨
눈코 뜰 새 없이 바쁘게 살아가고 있습니다.

아버지.
당신님의 말씀이 담긴 『도전』에는
'병란'이란 단어가 왜 이렇게 많이 나오는지요?

정말로 앞으로 세상에는 괴질과 시두 등
온갖 바이러스로 뒤덮이는 병란의 때가 온다고 합니다.
이것이 후천개벽을 건너가는 아버지의 계획이십니다.
아버지께서 김형렬 성도와 공사를 보실 때,
김형렬 성도가 하늘에 햇무리가 둘러져 있다고 말씀드리자
"천하대세가 큰 종기 앓음과 같으니
내가 이제 그 종기를 파破하였노라"(2:45)고 하신 말씀이
『도전』에 쓰여 있습니다.
그 종기가 시두, 천연두가 아닐까 합니다.
인류가 퇴치시켜 이 지구마을에서 사라진 천연두 말입니다.
"시두손님인데 천자국天子國이라야 이 신명이 들어오느니라.
내 세상이 되기 전에 손님이 먼저 오느니라.
앞으로 시두時痘가 없다가 때가 되면 대발할 참이니
만일 시두가 대발하거든 병겁이 날 줄 알아라.
그 때가 되면 잘난 놈은 콩나물 뽑히듯 하리니
너희들은 마음을 순전히 하여 나의 때를 기다리라."(7:63)
고 말씀하십니다.

저희는 염념불망 태을주를 입에 물고
조심스럽게 마음의 준비를 하고 있습니다.
아버지!
이렇게 괴질병의 공포에 휩싸일 때,
저희에게 희망은 오직 아버지뿐입니다.
공자, 남사고, 노스트라다무스, 최수운 대성사 등
역사상 많은 선지자들의 예언대로,

우주 조화주 하느님이신 증산 상제님께서

동북방 한반도, 인류 역사의 본고장이며

신교의 종주국인 조선의 역사 안에 친히 인간으로 오셨습니다.

가을 개벽기에 일어날 전쟁, 무서운 괴질의 병란,

지구 대혼란의 때를 대비하여 인류 생명의 보물인

'시천주주'와 '태을주'를 내려 주시려고 오신 아버지.

그때엔 세상의 항생제나 백신이 효력이 없을 것이라고

하셨습니다.

그래서 저희에게 시천주주와 태을주를 쥐어 주셨습니다.

태을주는 인류 구원의 생명이며, 호흡이며, 젖줄이며,

생명의 물이라 하셨습니다.

또한 태을주는 만사를 뜻대로 이루어주는 여의주이며,

삼계 우주의 율려律呂(2:140)라고 말씀하셨습니다.

세상의 모든 약기운을 태을주에 붙여 놓았기에

병란이 온 세상을 덮칠 때,

약국이나 병원의 의료기술이 손을 쓸 수 없을 때,

태을주는 우리의 생명을 살리는 유일한 법방으로써

그 가치가 드러나며 그 효력이 빛이 날 것입니다.

인류 생명의 보호막이 될 태을주가 진정한 백신으로서

모든 바이러스를 이겨낼 수 있도록 해줄 것이며,

시천주주, 태을주 주문수행으로 우리 스스로를

지켜낼 수 있을 것입니다.

아버지의 말씀처럼 '만병통치 태을주'(3:313~8)에

우리는 희망을 가질 수 있게 된 것입니다.

아버지께서는

괴질의 병란을 백여 년 전에 미리 말씀하시며,

아무것도 모르는 저희들이 병란을 극복하고

마침내 맞이하게 될 새로운 문명,

더욱 진화된 전혀 다른 차원의 문명사회로

나아갈 수 있도록 길을 열어주셨습니다.

대 병란의 가을개벽 이후에는 빛의 문명 시대,

지상 선경낙원(5:1~9)이 열릴 것이라 하셨습니다.

오염되고 파괴된, 병든 이 지구의 땅은

전혀 새로운 대지로 재탄생할 것이며,

원과 한, 전쟁도 모두 사라질 것이고,

온갖 질병으로부터 해방되어 인간의 수명이 길어지는,

전혀 새로운 차원의 위대한 황금시대,

만사지萬事知문명 시대가 올 것이라고

굳은 약속을 해주셨습니다.

또한 이때는

신명의 조화세계와 인간 사이에 교류가 이뤄지고

마음을 훤히 들여다볼 수 있다고 하셨습니다.

몸과 마음, 영혼이 말끔히 정화되어

불로장생, 무병장수, 환골탈태(5:378~12)가 되어

우리 자신의 육체 또한 완전히 발전되고

성숙한 시대를 맞게 된다고 하셨습니다.

이 모든 것들이 아버지께서 이미 짜 놓으신

불변하는 우주의 틀이며 불멸의 우주 시간표가 아닌가요?

이제 서서히 새 하늘, 새 땅, 새로운 인간,
우주 삼계가 완전히 거듭 탄생한다는
『도전』의 말씀을 기쁘게 받아들입니다.
"이제 별놈의 병이 다 생긴다. 느닷없이 생기느라."(3:311) 하셨지요.
인류 역사의 뿌리를 바로 잡고
병든 천지를 개벽하여 인간과 신명을 구원하시기 위해
우주의 주재자이신 하느님 아버지께서
이 땅에 친히 인간으로 강세하신 이 사실은
전 인류에게 위대한 선물입니다.
아버지께서 9년 동안 행하신
천지공사의 성업을 가슴에 가득 안아봅니다.

아버지.
아버지의 구원 소식은
알면 알수록 한없이 감사하고 또 감사하며,
희망의 복록수 샘물을 발견한 것입니다.

2020. 육일.
맹희

2

그 비밀의 문

사랑하는 아버지.

한밤중입니다.

깜깜한 허공을 가로질러 별들을 흩뿌려 놓은

은하 강을 바라봅니다.

저의 시선으로 닿을 수 있는 곳은

불과 밤하늘의 미미한 한 부분 뿐입니다.

신선한 밤하늘을 포옹합니다.

먼 우주, 저 수많은 별들에는

누가 살고 있을까 생각하며 우러러 봅니다.

'자아, 봐라. 아버지의 우주 건축이 아름답지 않느냐'

하시는 진동이 들립니다.

바로 아버지이심을 직감하고 가슴 가득 환희가 벅차오릅니다.

저녁노을 진 하늘도 역시 아름답습니다.

황혼은 하늘 가장자리에 분분이 물들어가고

어스름 어두워질 때면 노란 민들레 같은 달이 등장합니다.

드넓은 창공에 혼자 뜨는 달이 혹여 외로울까

영롱한 샛별을 달 가까이에 데려다 놓으셨습니다.

그런데 아버지, 만약 달이 맘대로 뜨고 지며,

샛별도 자기 뜻대로 움직인다면

우주 질서는 무너지고 혼돈에 빠질 것입니다.

우리가 늘 다니는 도로에서도

1차선, 2차선, 3차선의 차선을 따라 자동차가 움직이고,

초록, 빨강, 노란 신호등의 변화에 따라

자동차의 가고 멈춤이 정해집니다.

이 규칙을 어기면 큰 사고와 대혼란이 벌어집니다.

인간이 만든 교통 법규도 이러한데,

광대한 우주의 수많은 별들의 무리도

각기 중심 태양이 있어서 그들의 질서에 맞게 운행을 할 것입니다.

그것이 바로 아버지께서 정하신

우주의 질서이며 시간표입니다.

저 하늘을 살펴보고 우주에 조금만 관심을 가져본다면

살아가는 의미도 크게 달라질 것입니다.

먼 우주는 자신과 상관없는 일이라 여기는 사람들도

매일 아침, 오후, 저녁, 밤의

규칙적인 자연의 질서 속에서 살아가고 있음을 깨닫는다면

우주의 법칙이 큰 울림으로 다가올 것입니다.

우주는 참으로 오묘해서 하루의 변화가

지구에서는 4계절의 변화로 나타나고

나아가 우주에도 4계절의 변화가 있음을 깨닫게 됩니다.

우주의 농부는 인간 농사(5:195)를 짓기 위해

지구의 밭을 갈아 인간이 생겨나고 성장하게 하여

가을 수확기가 되면 인간열매를 거두어 들이기 위해

빈틈없이 시간표를 짜놓았다는 것을 알았습니다.

반면, 모든 이치는 아버지로부터 새롭게 된다(2:13:5)는

말씀을 새겨 들어야겠습니다.

어떤 교과서나 어떤 종교에서도

우주의 시간표에 대해 가르쳐 주지 않았고,

우리는 알려고도 하지 않았습니다.

저는 아버지의 틀, 우주의 시간표가 존재한다는 것을

책에서 보고는 깜짝 놀라 읽고 또 읽었습니다.

"나는 생장염장生長斂藏 사의四義를 쓰나니

이것이 곧 무위이화無爲以化니라."(2:20)

이것은 인간의 힘으로는 어떻게 할 수 없는 준엄한 섭리입니다.

아버지의 조화로 우주는 영글어 가고,

그래서 우주의 계절이 바뀌는 개벽철에는

자식들을 살리고 새 세상을 여시려고

인간세상으로 직접 오신 것입니다.

인간으로 오신 아버지께서

직접 천지개조의 대공사(3:2)를 행하시고,

살 수 있는 법방을 주셨기에

저희는 그 어려운 개벽기를 넘어갈 수 있습니다.

의식을 각성하고 몸을 건강하게 변화시켜

이 질병의 환경에서 잘 견뎌내야 합니다.

이때에 인간의 씨종자가 걸러지는 것이겠지요.

아버지가 아니시라면 이 개벽기에

누가 어떻게 무슨 방법으로 저희를 살리겠습니까.

왜 사람들은 다른 나라 역사는 믿으면서

우리 역사는 무시하고 귀담아 들으려고 하지 않을까요?

설마하며 부정하고 미신으로 간주하고 맙니다.

우리는 미신이고 서양은 과학적입니까?

서양에서 넘어 오는 정보는 알아보지도 않고

무조건 덥썩 받아들이면서

우리 땅에서 근세에 일어난 역사적 사실은

부정하며 믿지 않는 사람들을 보면 안타깝습니다.

그럴지라도 참 진리의 싹을 틔우고

꽃 피도록 하는 것이 저희의 역할이라 생각합니다.

산업 폐기물, 온갖 생활쓰레기, 각종 질병으로

산하에 파묻힌 가축들, 바다에 가득한 미세 플라스틱,

하늘에 떠도는 미세먼지, 방사능 오염물 등등

이토록 파괴된 지구를

어떻게 무슨 재주로 새롭게 개조할 수 있을까요?

병든 이 하늘과 땅을 개벽하여

새 천지의 조화선경 세계로(2:19) 나아가게 하신 것은

천지의 자녀인 인간들을 쾌적한 환경으로 이사시키고 싶으신

아버지의 소망이십니다.

깨끗한 공기와 물, 자연환경, 전혀 다른 차원의 문명과 시스템,

천지의 자녀들이 5만년 동안 오래 오래

선경낙원에서 살게 해주고 싶으신

어버이의 마음을 엿보게 됩니다.

씨를 뿌리면 싹이 트고 자라서 꽃이 피고 열매를 맺듯,

인류의 문화도 그러합니다.

인류문화의 시원이 동방 한민족에게서 시작되었습니다.

우주의 봄·여름인 선천이 64,800년의 시간이 흘렀으며

우주의 가을·겨울인 후천의 시간도 역시 64,800년입니다.

지금은 우주 1년 인간 농사에서 가장 더운 여름의 끝에서

초가을로 넘어가는 때로 접어들었습니다.

가을로 들어가기 직전, 열매를 수확하기 위해 잎을 떨구는

가을 추살秋殺의 험난한 시기를 맞이하고 있는 것입니다.

우주시간표宙에 한 치의 오차도 없으신 아버지.

천지는 지금 분열과 성장의 시대를 지나

열매를 준비하는 가을개벽기를 목전에 두고 있습니다.

이 개벽의 수확기에,

병든 열매는 스스로 도태되고

튼튼한 열매만이 살아남아

후천의 새 세상을 맞이하게 됩니다.

가을 수확이 끝나면 농부는 다음해 농사를 위해

빈 밭에 불을 질러 병충해를 예방하며

휴식기를 가지면서 내년을 기약합니다.

이렇듯 지구도 우주의 가을이 지나면

빙하기를 맞으며 휴식에 들어갑니다.

긴 겨울잠으로 휴식을 취하고 저마다 뿌리로 돌아가야

다음 생을 기약하며 생명은 단절없이 이어질 것입니다.

아버지.

이 우주시간표에는 아버지께서 숨겨놓으신

비밀의 숫자가 있습니다.

그 심오한 숫자 안으로 들어가기 위해

우선 소립자 격인 단순한 일상에서부터 시작하면

훨씬 쉽게 이해할 수 있으리라 생각합니다.

지구 1년을 도수로 계산해 보면,

지구의 자전운동 360도에 공전운동 360일을 곱하면,

지구 1년은 129,600도가 됩니다.

이것을 확장하면 우주의 하루인 360년에

360회를 곱하면 129,600년이 됩니다.

그런데 놀라운 사실은 우리의 인체도

1분에 72회의 맥박과 18회의 호흡을 하는데,

이것을 하루 동안으로 계산해보면

[(72+18)×60분×24시간=129,600]회가 나온다는 것입니다.

인간이 살아가는 하루의 숨결이

바로 우주 1년의 생명수와 같다는 것입니다.

지금은 129,600년의 우주 1년에서

수확기인 가을로 들어가기 직전인

우주 여름의 마지막에 와 있는데

지구에서 살아가는 인간들은 아무것도 모른 채

물질문명의 급류에만 휩쓸려서 살아가고 있을 뿐입니다.

이제는 구구한 역사 이래

그 어떤 종교에서도 가르쳐준 적 없는

우주 1년의 이 비밀의 문을 열어야 할 시기입니다.

이 문을 열면 바로 천주님이시자 인존 하느님이신
상제님께서 인간을 추수하시기 위해 이 땅에 강세하시어
인간역사에 직접 개입하여 만들어 놓으신
가을개벽의 섭리를 깨닫고
조화의 문턱을 넘어갈 수 있습니다.

아버지.
아버지께서는 하늘과 땅의 질서를 바로잡는다고 하셨습니다.
상극의 시대를 끝내고 상생의 선경낙원시대가 열리도록
물샐 틈 없이 새 판을 짜놓으셨습니다.(5:1)
병든 땅과 하늘을 뜯어고쳐 지구촌이 하나 된
평화낙원에서 살게 하려고 하신 것입니다.
지구 역사를 들여다보면 사람들은
진리대로 살기보다 개인의 욕심과 이익을 위해
분란과 전쟁의 소용돌이 속에서 살아왔습니다.
도의는 땅에 떨어져 착하고 어진 사람들은 못 살고,
악하고 못된 이들이 더 잘 살고.
그로 인해 분노와 원한들이 온 천지를 뒤덮고 있습니다.
나라와 나라 사이의 전쟁, 테러가
사람들의 생명과 대지를 피로 물들이고 있습니다.

슬픔에 잠기신 아버지.
인류 원한의 역사의 뿌리를 찾아보면,
4,300여 년 전 동방 동이족 출신 요堯임금의 큰 아들
단주왕자가 모함을 받고 위폐되어 억울한 생을 살다갔습니다.

아버지께서는 만고의 원한 가운데
단주의 원한이 가장 크다고 하셨습니다.(4:30~5)
이후로 인류의 역사는 원과 한이 뭉치고 쌓여
복수의 전쟁으로 온 대지가 피로 깊숙이 얼룩져 왔습니다.
역사의 시간 속에 스며있는 원과 한이
자손대대로 켜켜이 쌓여
크고 작은 분란과 전쟁, 상처들을 낳았습니다.

여성은 철저히 남성 지배 구조 속에서 살았으며,
인종차별과 노예제도, 불평등으로 인해
그 한이 하늘에 닿았습니다.
근세대로 오면서 기계와 물질문명이 발달할수록
부유층은 자손대대로 자신들의 부와 권력을 지키고자
그 힘을 마음대로 휘둘렀습니다.
강대국들은 경제적 이득을 누리면서 부를 더욱 창출하고자
약소국들을 핍박하고 이용하였습니다.
그들은 이미 발달된 문명을 향유하며
공기 오염과 환경 파괴의 원인들을
약소국들에게로 전가시킵니다.
오존층은 날로 파괴되고 식수는 부족해지고
대지는 땅속까지 깊이 썩고 있습니다.

아버지.
부족한 사람들은 상처 받고,
가진 자들의 교만함은 늘 하늘을 찌릅니다.

어머니이신 대지는 중병에 들었고,

지진, 화산, 쓰나미의 위험뿐 아니라

최첨단 무기의 위력으로

우주전쟁의 위기에까지 이를지도 모릅니다.

사람들은 스트레스로

온갖 이름 모를 낯선 질병과 암에 시달립니다.

마침내 우리 인류는

한번도 겪어 보지 못한 질병을 앓고 있으며

이 괴질은 전 지구촌을 뒤덮어버렸습니다.

아시아, 호주, 아프리카, 미국, 유럽 등 온 세계가

바이러스 병란으로 인한 경제 붕괴와 불안증으로

생명에 위협을 받고 있습니다.

게다가 변이 바이러스의 출현이 주는 죽음의 공포로

세계는 암울한 미래 속으로 침몰되어 가고 있습니다.

곳곳마다 경제가 무너지면서 하루아침에 실업자들이 쏟아지고,

수많은 가족들은 환자와 죽음의 생이별을 해야만 하는데,

시신을 묻을 땅조차 부족하여

묘지를 파내어 다시 묻기도 하고

그냥 강에 버리기도 하는 등

생각지도 못한 비극의 종말이 서서히 문을 열고 있습니다.

그러면 하늘과 땅이 모두 병든 이 병란의 때에

인간열매로 살아남아서 후천세상으로 넘어갈 수 있는

구원의 법방은 어디에 있는 것일까요.

"세상의 모든 약 기운을 태을주에 붙여 놓았다"(3:313~8)

고 하신 말씀을 잊지 말아야겠습니다.

시천주주, 태을주에는 과연 어떤 비밀이 숨겨져 있는지

공부도 하고

수행으로 그 진리를 알아 보기 위해 비밀의 문을 두드려봅니다.

아버지.

"모든 것은 나로부터 다시 새롭게 된다."(2:13)고 하신 아버지.

새 하늘과 새 땅을 만드는 데 저희를 일꾼으로 삼아 주십시오.

3

태을주의 음파

별들을 창조하신 아버지시여.
반딧불처럼 반짝이는 북두칠성과 북극성을 바라보노라면
무한한 신비감에 젖어 듭니다.
도시에서 별들을 설레는 가슴으로 바라본 지도 오래되었어요.

아버지.
은하계는 지구에서 일어나고 있는
온갖 끔찍한 병란의 사건들을 알고 있을 테지요.
태을주가 인류에게 주는 메시지는 무엇이며
어떤 마음으로 태을주를 아끼고 보듬어야 하는지를
공부하렵니다.
『도전』에 괴질과 병란 소식이 많이 등장하는 이유가 있을 것입니다.
태모님께서도 『도전』에서 말씀하셨습니다.
"장차 괴질이 군산 해안가로부터 들어온다.
괴질의 기세가 워낙 빨라 약 지을 틈도 없을 것이요,
풀잎 끝에 이슬이 오히려 더디 떨어진다.
태을주를 잘 읽는 것이 피난하는 길이다."(11:386)
그리고 상제님께서는
"시두손님을 내가 맡아 보노라" 하시고

"앞으로 시두가 대발하면 내 세상이 온 줄 알라."(3:284)고
하셨습니다.

어린 시절, 시두를 앓고 난 사람들을 보면
얼굴에 시두 자국이 움푹 움푹 패여 있어 곰보라고 불렀습니다.
그런데 저의 친척 중에
만화를 아주 잘 그리던 작은 할아버지가 계셨습니다.
그 할아버지는 시두로 인해 곰보가 돼서 결혼도 하지 못했습니다.
하지만 곰보자국은 자칫 죽을 수도 있었는데
다행히 살아난 귀한 흔적이기에
그 상처조차 감사할 일이라고 어른들은 말했습니다.
천연두는 다 나아도 얼굴에 많은 상처를 남겼습니다.
태모님께서는 "태을주는 천지 기도문이요"(11:387),
"태을주를 많이 읽어 천하창생을 많이 살려라.
개벽기에 천하창생을 건지는 주문이니라.
마음을 바르게 가지고 태을주를 잘 읽는 것이
피난하는 길이다."(11:386)라고 하셨습니다.
태을주가 왜 생명을 건지는 비밀의 열쇠이며,
왜 기도를 해야 하는지
꼼꼼히 글자 한 자 한 자의 소리에 귀기울여봅니다.

태을주 소리에서는 어떤 종류의 음파가 나오는지 알아봅니다.
'헤르츠(Hertz /hz)'는 진동수의 단위를 뜻하는 말인데,
전파에 대해 연구했던 H.헤르츠(1857~1894)의
이름에서 따온 것입니다.

시계의 초침이 1초에 한번 '똑딱' 하고 진동하는 것이 1hz라고
합니다.
기쁨, 사랑, 감사의 주파수는 528hz, 864hz,
찬미, 흠모, 숭배는 972hz입니다.
반면 저주파인 마이크로파(Microwave 300hz)는
열을 발생시키고 살균력이 있어 전자레인지에 많이 쓰이고,
해충이나 질병을 일으키는
박테리아나 바이러스 같은 것을 박멸하는 데도 쓰입니다.
태을주 주문의 첫 소절인 '훔'의 진동수는
어느 진동수보다 높기 때문에
태초의 소리, 아기가 엄마를 찾을 때와 같은
'우주울림'이라고 합니다.
태아가 양수 속에서 엄마의 심장박동소리를
듣는 것과 같은 효과의 자연 진동소리라고 합니다.
최근에는 병원에서도 수술실이나 병동에서
바로크 음악계의 대가들인 바흐나 비발디의
오케스트라 협주곡을 조용히 흐르게 하고 수술을 한다고 합니다.
병실에서 클래식 곡을 은은히 들려주는 사례가 늘고 있는데,
그 이유는 아름다운 소리, 좋은 음파는 마음을 치유하고
병을 낫게 하는 파장이 흘러나오기 때문이라고 합니다.
마음의 평화를 가져다주는 음파의 진동은
치유의 파장이라고 해서 인체 세포마다에 존재하는
독립적인 기氣 혹은 신神의 흐름에 매우 효과적입니다.
아버지.
얼마 전에 유튜브에서,

방목으로 기르는 소나 양들에게

음악가들이 첼로와 바이올린을 연주하는

이벤트를 하는 것을 보았어요.

이 광경이 전 세계에 화제가 되었어요.

들판에서 소와 양들이 멀리 있다가

멜로디가 들리자 가까이 다가왔습니다.

소들이 새끼들을 데리고 평화롭게 듣는 모습을 보면서,

음악이 전해주는 음파가 위대하다고 느꼈습니다.

연주자들 주위로 모여드는

소와 송아지들의 몸짓을 잊을 수 없어요.

그런데 동물뿐 아니라 식물도

528hz의 높은 음을 들려주면 윤기를 뿜으며 건강하게 자랍니다.

식물들이 음악이 있는 실내에서

더욱 윤기나는 이파리들을 보인다는 사실은

이제 누구나 다 아는 상식입니다.

모든 이치를 꿰뚫고 계시는 아버지.

태을주 노래를 하면

의식이 어떻게 진화되는지를 이해하게 되었습니다.

태을주의 진동수는 어머니 자궁 안의 생명의 소리와 흡사하기에

우주의 음파라는 사실에 공감합니다.

태을주 노래는 Hz가 높기 때문에

저질 진동인 화냄이나, 변명, 질투 등

부정적인 힘을 막는다고 생각합니다.

일상에서도 진동수가 높은

사랑, 연민, 기쁨의 진동수를 발전시켜야겠습니다.
또 태을주 23글자 한 마디 마디가
우주의 소리이며 우주의 골수이기에
태을주를 읽으면
인간의 200여 개의 뼈마디 마디에 그 소리가 흡수되어
우리의 골수를 채워준다고 늘 생각하고 있습니다.
인체의 뼈를 이루는 유기질과 무기질도 물을 근본으로 하며,
골수에서 혈액이 만들어집니다.
또한 척추를 중심으로 오장육부의 각 기관이 매달려 있으면서
인체의 중추 역할을 합니다.
태을주 노래는 골수 속의 백혈구와 적혈구를 더욱 맑게 해주고
좋은 에너지가 가득 차도록 해줍니다.
아기는 자궁 안에서 태을주의 '훔치~'와 같은 음파의
엄마의 심장소리를 들으며 만들어졌습니다.
피를 맑게 정화시키고
마음과 몸을 신선하게 해주는 태을주 음파(Hz)를
매일 매일 매순간 순간 습관적으로 노래한다면
우주와 하나가 되어 조화세계로 인도되고,
이 개벽의 목도 잘 넘길 수 있을 것이라고 생각합니다.
모든 병란에 약이 되는 태을주를 일심으로 집중하며
새 하늘 새 땅 세상의 신비의 시공을 열어 봅니다.

아버지.
수줍던 제 날개 위로 용기를 불어 주시어
조화세상으로 옮겨 주시옵소서.

4

태을주로 바꾸는 세상

천지이치와 조화의 오묘함이신 아버지(5:346).
어린 시절 가슴에 사금파리처럼 박힌 추억들은
어른이 될수록 잊혀지기보다
오히려 더욱 또렷이 반짝거립니다.
외할머니는 부엌에서 밥을 짓고 나면
대접에 물을 담고 밥 한 술을 살짝 풀어
부뚜막에 올려두곤 하셨어요.
설거지를 다 마치고 그 그릇을 향해 중얼거리는
외할머니께 제가 물었지요.
"아무도 없는데 누가 먹어요?" 하면
"부엌을 지켜 주시는 조왕신이 계시다"라고 하셨습니다.
저희들이 매일 읽는 주문은 태을주를 비롯하여
시천주주, 천지진액주, 절후주, 관운장주, 갱생주,
칠성경, 진법주, 개벽주 등입니다.
주문에 쓰여 있는 글자의 뜻을 곰곰이 살펴보면
모두 상상 너머 초월한 우주의 아름다움을 그린 기도문입니다.

아버지.
이 주문을 노래하면서,

언젠가 내가 몸에서 해방이 되면 이렇게 아름다운 주문의
생명이 사는 도시로 가겠지 하며 울었습니다.
그런데 죽어서 가지 않고
살아서 과학의 힘을 빌어 저 멀리 구석까지
견학을 할 수 있을지 모른다는 설렘 때문에
기도에 끌리게 됩니다.
사배심고 후에 심고문과 주문기도를 하면서
'아, 살아 있을 때도 가능하겠구나' 하고 깨닫습니다.
이 주문기도의 대부분은 조화 세계에서 살고 계시는
신명세계의 신장님들이십니다.
서양에선 천사님이라 부릅니다.
이름이 다를 뿐입니다.
이 분들 모두가 개벽기에 인간을 위해 일을 하고 싶어서
두 눈을 부릅뜨고 계신 천사들이라 알고 있습니다.
경험하지 못한, 아름다운 세상은 꿈을 꾸고 상상하며
순수한 인간을 기다리고 있다는 것을 직감했습니다.
현재도 같이 존재하면서 소근 소근 대화를 나누고
위험에 빠졌을 때는 그분들로부터 도움을 받으며
시야에는 보이지 않아도
감사와 공경을 드리기로 마음먹었습니다.

태모님께서는 공사를 행하실 때,
하늘과 땅이 떨 정도로 엄하게 하시어
천지공사의 위엄과 기강을 세우셨습니다.
"백마야, 백마야" 하고 백마원수 대장군님 대천사장을 부르시고,

"벽력, 벽력", 벽력장군님도 부르시고,

악귀와 잡귀가 범접하면 "금란아, 금란아" 하시며

금란 장군을 불러서 쫓아내시기도 하셨습니다.(11:79)

역시 신명들과 더불어 일하신 태모님을 깨닫습니다.

일상 속 사소한 일이라도 하늘에게 보여드리는

정성과 진실한 마음이 없으면 간절한 일의 성공도 늦어집니다.

매사에 신뢰가 없다면 성공도 이뤄질 수 없습니다.

신뢰를 주관하시는 신장님들, 천사장님들이 계시기에

제 애틋한 노력은 헛되지 않을 것입니다.

정성을 가늠해 보시는 이런 예는 『도전』에도 여러 차례 나옵니다.

가령 떡을 찔 때도 정성과 공경이 풀려 불평을 품으면

비록 떡을 찌는 사소한 일조차 이루어지지 않았습니다.(5:12)

그런 것이 소위 '부정을 탄다'는 말이 아닌지요.

딱해서 용서를 해주고 싶지만

신명들이나 조상들의 마음에 먼저 들어야 한다는 말씀처럼,

조화의 세상에서는 정성과 진심을 바탕으로

생활의 근본을 실천하고 우주정신 진리대로 자연의 법칙대로

공부하며 성장해 영글어가야 한다고 가르치고 계십니다.

조화의 신명세계를 훤히 뚫고 계신 아버지.

기도를 할 땐 말을 많이 하지 말고

마음으로(11:405) 고요히 나를 진심을 드러내라 하십니다.

태모님께서도 이르셨던 것처럼,

사람과 신의 세계는 빛과 그림자처럼

한몸으로 붙어 있음을 압니다.

이 세상을 살면서 우리는
생명을 주신 우주의 본체이시며
거룩하신 아버지의 존재를 깨달아야 합니다.
현실세계의 오존층 껍질인 내 고집을 꺽고
사람과 같이 언제나 일치된 신명 조화세계를 깨달아야 합니다.
새로운 땅과 새 문명을
스스로 열어나갈 수 있도록 노력하고 싶습니다.
아버지, 부족한 저를 도와주시리라 여깁니다.

매일 신장님들께 부탁드리고
신인합일로 함께 살아가기 위해서는
우주의 불변의 원칙을 지키고 싶습니다.
삼신三神은 조화造化, 교화敎化, 치화治化로서,
하늘과 땅과 인간 안에 깃들어 있으며,
만물을 낳고, 기르고, 다스리는 우주의 섭리이며
인간농사를 짓는 조화성신이십니다.

모든 일에는 이치가 먼저 있으며,
그에 따라 신이 매개가 되고,
그것이 인간의 현실세계로 드러나게 되는데,
이것이 '이理, 신神, 사事' 우주의 기본원리입니다.
병란이 오는 것도, 가을개벽이 오는 데에도
모두 이러한 우주의 섭리가 깃들어 있습니다.
날마다 읽는 주문기도 속에 존재해 계시는 모든 신장님들과,
주문기도 안에 있는 의미의 별들과 조화세상은

모두 인간생명에 구원과 행복을 주고,

조상님들을 만나게 하고 가신 엄마와 가족들과 재회하게 합니다.

그래서 이 모든 성신들을 존중하고 사랑하게 되었습니다.

제가 주문기도와 태을주를 노래하는 데도

신명님들과 조화의 일상을 누리지 못 하는 것을 가정해봅니다.

기계적이며 습관적으로 입만 뻥긋하며

노래 부른다면 부실공사와 다름 없습니다.

아버지께서는 성업을 보시기 위해

성도들에게 명을 내리시고 신장들에게 칙령을 내리실 때는

전라도 사투리를 전혀 사용하시지 않고

표준말로 사용하셨습니다.(5:430)

태을주를 노래하면, 타인들은 웃을지 모르지만

제 눈엔 주방의 모든 그릇, 식기도구들이

다 반짝거리고 깨끗하게 보입니다.

그릇과 함께 수저와 가위, 프라이팬, 부엌칼 등

모든 주방 기구들이 각기 화음을 내며

태을주로 노래하게 합니다.

왜냐하면 이 물건들을 만든 사람들의 기氣가

그 속에 여전히 흐르기 때문이지요.

수많은 사람들의 손길이 제 부엌 살림 도구에 스며들어 있어

그들의 얼굴 모습들이 보입니다.

그릇을 만들 이들, 냄비들, 국자와 스푼들…

부엌칼을 사용하고 나면

'이 칼을 만드느라 수고하신 모든 이들과

그들 가족들의 소원도 들어 주옵소서.' 하며

태을주를 읽어드립니다.

가능한 한 사용 후에는 잊지 않고 기도를 드립니다.

신발을 신을 때는 신발에게 감사하고,

걷는 동안에는 신발을 만들어 준 이들을 위해

태을주로 기도합니다.

이런 행동들이 습관이 된다면 우리 인체 세포들도

태을주 주문기도에 익숙해질 것입니다.

뇌신경 세포에는 860억 개 이상의 세포들이 있다고 하는데

그 각각의 세포 안에 깃들어 있는 신장님(천사님)들에게

안녕을 빌어드리고 미소를 보냅니다.

누군가는 저의 이런 행동을 비웃을 수도 있지만

저에게는 가장 중요한 일 중 하나입니다.

제 세포들에게 매일 감사를 표하고,
주방도구들을 만들어주신 이들을 위해서도 기도하는 것은
저의 매일의 숙제이기도 합니다.
기계가 부엌 칼을 만들었는데요 반문할 것입니다.
그 기계는 누가 만든 것일까 다시 묻게 된다는 것이지요.

신기한 것은 제가 수행공부를 하고 있는 동안에는
인체의 모든 세포와 오장육부가
각기 저마다의 역할과 순환을 위해 일하는
전혀 다른 소리들이 내부로부터 들린다는 것입니다.
세포마다 각기 알아서
순환을 위해 움직이는 것을 보면 참으로 신비롭고
또 이를 각기 관리해주시는 신장님들에게도 숙연해집니다.
어찌 수많은 세포 안에 임하시는 신들을 위해
태을주를 노래하지 않을 수 있겠습니까.
아버지께서는 "내 세상은 조화의 세계요,
신명과 인간이 하나 되는 세계니라."(2:44)고 하셨습니다.
전철 안에서 일심으로 태을주를 노래하면
저 혼자만을 위해 노래하는 것이 아니라
전철 안에 같이 탄 사람들을 대신하여
태을주를 노래하는 것이겠지요.
태을주 노래를 듣고 '악귀잡귀 금란장군'께서
불미스러운 크고 작은 사고들을 막아 주십니다.
생물 무생물을 포함한 모든 사물들에게
생명을 불어 넣는 방법을 알려면

『도전』을 공부해야 합니다.

저희 존재가 분명해진 이유는

태을주로 만물의 참 모습을 볼 수 있기 때문일 것입니다.

아버지께서는 김갑칠 성도의 오줌으로

먹을 갈아 공사(5:432)를 보셨습니다.

더럽고 냄새나고 균이 있는 오줌도

공사에서는 영광스럽게 사용되었어요.

아버지의 조화세계는 저의 상상을 뛰어 넘습니다.

저보다 더 오래 살고 있는,

책상 위 문진(종이를 눌러 두는 무거운 돌멩이)도

저를 보며 말을 겁니다.

산에 오르며 태을주 노래를 하면,

그 산과 계곡, 바위와 흐르는 약수,

온갖 나무들과 약초, 들풀, 들꽃이 다 함께

태을주로 자연의 신성함이 잘 조화된 오케스트라의 연주회입니다.

세상은 거대한 공동체입니다.

구름도 저도 태을주를 부르지 않을 수 없는 것은

아버지 어머니의 고향 태을천을 그리며 노래하는 곳이기

때문입니다.

우리의 동화 중에 〈고향의 봄〉 노래 가사처럼.

내리는 비를 보면 저도 함께 비가 되어 내려와

땅 위로 흘러보기도 하고,

작디 작은 무수한 생명의 알갱이가 되어 보기도 합니다.

태을주의 조화세계로 젖어 드는 노래를 하면
앞으로 더욱 거세게 병겁 신장님들이 휩쓸 그때를
덜 불안해 하며 맞이할 수 있을 것입니다.
이렇게 태을주 노래를 하면,
생활의 모든 것이 새로운 생명으로 거듭 태어납니다.
조화의 세계로 신장님들과 하나 될 수 있는
보호막 오존층 태을주 텐트를 지니게 됩니다.

병란은 우주 일 년 가을개벽에서 불변의 사건입니다.
"세상 사람들이 콩나물처럼 쓰러지니
때가 되어 괴병怪病이 온 천하를 휩쓸면
가만히 있다가도 눈만 스르르 감고 넘어 가느니라."(2:45)
그런가 하면
"천하대세가 큰 종기를 앓음과 같으니,
내가 이제 그 종기를 파破하였노라."(2:46)
"다가오는 세상의 난리는 신명 없이는 안 된다."(2:44)
라고 하신 아버지의 조화세계가
저희와 함께 존재한다는 것을 차츰 깨닫게 됩니다.

아버지.
"열 사람 중에 한 명 살아나기 어려우니
내 자식이라도 어찌될지 모르느니라."(3:311)라고 하셨지요.
아버지!
아버지의 자식들은 꼭 살아나야 합니다.
부디 살려 주옵소서!

신장님들과 함께

"사람들 다 죽었네, 다 죽었어.

살릴 사람, 건질 사람이라고는 나 하나네."(7:61)

하시며 서러움에 복받쳐 눈물 흘리시던 아버지, 사랑합니다.

참 빛이신 아버지, 태양 같으신 아버지.

저희가 살고 있는 모든 주위 환경을 살펴보면

아버지의 마음, 닿지 않은 곳이 없습니다.

산과 바위는 각기 그 산의 신기한 기류가 흐르고(4:57),

풀잎과 무생물인 흙벽이어도 신이 떠나면 무너지고,

손톱 밑에 가시 하나 드는 것까지도 신이 하는 일이라(4:62)는

말씀이 가슴 깊이 사무치게 합니다.

"신이 없는 곳이 없고, 신이 하지 않는 일이 없느니라."(4:62)

왜 태을주로 온갖 사물을 새롭게 하고

소중히 가꾸어야 하는지 그 이유를 묻는다면,

꽃이 피고 지고 돌멩이가 멈추고 구르고….

모두 아버지의 작품이니, 끌어 모아

하나의 생명씨앗으로 깨달음을 알아들어야 하겠습니다.

아버지.

"태을주는 우주 율려律呂니라."(2:140)

투명한 꽃잎 같은 태을주의 울림은
우주 오케스트라 합창입니다.
23글자 소리의 알갱이들은 제각기 악기로 조화되어
저마다 품고 있는 고유하고 다양한 음향으로
화음을 만들어냅니다.
태을주는 태초부터 우주 삼원(자미원, 태미원, 천시원)의
궁을 받쳐주는 우주의 척추, 마디, 골수의
진동이라는 생각을 떨칠 수가 없습니다.
양수 속에서 엄마의 심장소리를 들으며
아기가 영양분을 공급받듯,
우주생명의 젖줄이 태을주입니다.

종이 끝도 딱 맞추시고(5:186)
한 치의 오차도 허용하지 않으신
섬세하신 아버지시여.
어젯밤엔 무슨 일을 하시었는지요.

만고역신萬古逆神들은 시비가 없는
하늘의 별자리로 붙여 주시고(4:28)
땅은 날과 때의 시비와 상관없이 사시사철 푸른
생명들로 도배해주시느라 분주하신 아버지.
이름 없는 땅에도 기운을 주시어(4:28)
구석진 곳까지도 어김없이 풀꽃을 심고 돌보시는
꼼꼼하신 아버지의 숨결을 느낍니다.

밤하늘 별들로 가득 차 있는

평화로운 우주 광야를 훑어보면

가슴이 뭉클해져 아버지의 모습을 그리곤 합니다.

인간을 위해 반짝이는 별도 약으로 쓰신 아버지.

대낮에 별을 끌어내시어

그 정기를 옮겨 눈병을 낫게 하신(9:88) 위대하신 아버지.

인간이 무엇이기에 이토록 귀중한 존재입니까.

하늘과 땅이 저희를 돌보며 길러주시고,

아버지의 한없는 숭고한 사랑의 에너지가

고요히 진동되어 옵니다.

오색 바람의 향기로

아버지의 일은 고목에 움이 트고(6:65),

이 꽃이 열매가 되어

세상 병란의 숲에서 푸른 생명이 될 것입니다.

산마다 골짜기마다 약초를 돋게 하시어

인체의 병을 다스려 주시고,

천 가지 만 가지 조화를 부리시며(6:5),

저희에게 환란과 대 병란에서 살 수 있는 법방을 알려 주셨지요.

온 세상이 아버지를 찾을 때가 있다 하셨으니(6:5)

그 절규의 때가 지금 서서히 가까워지고 있습니다.

벼락을 쳐서 악귀를 물리치시고

비를 뿌려 더러워진 대지를 청소하실(11:79)

그때가 오고 있습니다.

천상 9천의 신장들을 두루 호출하시어

병든 땅의 우리 인간을
괴질에서 구원해 주시려고 천지공사를 보셨으니
정직하고 올곧게 일상을 살겠습니다.

아버지.
당신께서 이 세상에 사람으로 오셨을 때를 돌이켜 보면
위대한 순리와 우주의 섭리를 깨닫곤 합니다.

탄강하시기 전,
도솔천궁의 천주님께서는 먼저
서양 로마의 대법국 바티칸의 베드로 성당
천개탑으로 내려오셔서 천하를 두루 살피셨습니다.
그 뒤 대철인들의 예언대로 아버지께선
동북 간방艮方, 바다로 둘러쌓인 반도 조선 땅
전라도 고부군 객망리 강씨 문중에서 탄강하시었습니다.(6:11)
고생고생 천한 고생 다 하시고
인간의 가난과 온갖 배고픔을 몸소 겪으시며
인간세상의 희비와 온갖 배고픔, 서러운 마음을
두루 체험하신 아버지는 우주적 무한 사랑 자체이십니다.

저희에게도
하늘과 땅, 아버지 어머니의 마음을 얻고
새 생명을 누리라(2:91) 하셨습니다.
마음을 고요히 하고 일심하면 상제님을 뵈올 수 있다(1:5~3)는
말씀을 새겨 잊지 않겠습니다.

"나의 말은 약이다. 말로써 병든 자를 일으키기도 한다."(2:93)
고 하셨습니다.
근래에 지독히 작은 소립자의 바이러스 신장들이
저희를 겁주고 두렵게 하니
아버지의 말씀 한 마디로 그들을 떠나가도록 해주옵소서.
저희는 어떤 변이된 바이러스나
사나운 신장들이 떼 지어 닥친다 해도
그들을 아버지의 말씀으로 감싸안고 고이 달래보려 합니다.

아버지시여.
제가 가정 도방에서 태을주 노래를 하는데
모기란 놈이 천정에 거꾸로 매달려 저를 노려보고 있습니다.
아버지처럼 사물과 한 마음으로 하나 되는 것이겠지요?
그 힘은 태을주의 위대한 진동이며 우주 에너지입니다.
그렇기에 왜 태을주가 위대한 노래인지 깨달아야 합니다.
아버지께 드리는 미소의 꽃들을 항아리에 가득 꽂아 놓고
조화의 세계에 계시는 천지조화 풍운신장님들을 부르겠습니다.
제 비밀의 정원은 창문 빗살도 곱고 창도 반짝이는데,
꽃이 한 가득 든 항아리가 있습니다.

아버지께서 성도들에게 말씀하시길
"신명들을 많이 불러 너희에게 보여주리라" 하시니
성도님들이 기뻐하셨어요.
이튿날 광부들이 무수히 사방에 흩어져 있는
원평 앞을 가리키시며

"저들이 곧 신명이니 신명을 부르면 사람이 이르느니라."(4:62)
하시었습니다.
사람 없이 신명이 오지 않고
사물이 없으면 거기에 신명도 있지 않으니,
보이는 곳에 있는 사람들이 모두 신명입니다.
저도 이웃도 제각기 신명님들을 모시고 있습니다.
그러니 들꽃을 피우게 하시는 들꽃 신명님들이 아니 계시면
조상님들이 없다는 말과도 같습니다, 아버지.

아버지의 모습이
태양과 같이 찬연한 불덩이로 빛나시거늘
그 광명이 얼마나 밝은지
기어가는 개미까지도 보일 정도이니(2:14)
그래서 금산사의 오금해 스님은 아버지를 우러러 보셨습니다.
저에게도 아버지의 태양처럼 빛나는 모습을 보여 주옵소서.

6

손님 마중

아버지.

눈으로 보이지 않는 '작은 손님'들이 몰려오십니다.

그러니 집 안팎을 정갈하게 하여

버릴 것과 둘 것을 선택하여 정리를 해야겠습니다.

미움과 원망과 후회를 버리고 노력과 일심으로

수행 시간들을 조금씩 더 늘여야겠습니다.

오존층에서 내려다보면 우리 인간도

변이 바이러스보다 더 작은 존재입니다.

아버지의 우주 시간표엔

초미립자 신장들의 역할도 미리 계획되어 있었습니다.

그래서 가을엔 더 강력한 바이러스가 몰려온다고 합니다.

앞으로 식수로 전이되어 변이를 일으키는,

전보다 더 강해진 바이러스들이 대거로 출현한다고 하니

마음을 단단히 묶어 시천주주와 태을주로

더욱 무장해야겠습니다.

어린 시절 간간이 어른들께서

'저 친구는 손님을 앓고 있다'고 하시는 말씀을 들은 적이

있습니다.

그때는 그 말의 뜻을 잘 몰랐고
'왜 아픈데 손님까지 오셨을까 힘들겠구나'
하고 고개를 갸웃했습니다.
'손님'이란 단어의 사전적인 의미는
'다른 곳에서 온 분'입니다.
다른 곳에서 바람을 몰고 온 손님이라면
공기의 전염성을 말하는 것이겠지요.
그러니 독하고 중병인 '시두' 또는 '천연두'를
듣기 좋게 높여서 '손님'이라는 말로 표현해 온 것입니다.
'환자를 손님이 데리고 갔다'고 하면,
'아, 죽었구나' 하고 서로 아는 것이지요.
말의 중요성을 잘 알고 있는 우리 선조들이
무서운 전염병에 '손님'이라 이름 붙이고
잘 대접해 드릴 테니 얼른 가시기를
염원하는 의미가 담긴 것입니다.

시두는 또 '마마'라고도 불립니다.
마마는 대궐 안에서 제일 높고
귀하신 분을 가리키는 말입니다.
이는 마마를 모시듯 조심스럽게 대해야 한다는
의미를 담고 있습니다.
과거에 가장 위험하고 무서운 병이 바로
'마마손님' 즉, '천연두', '시두'였던 것입니다.

과거 우리나라 풍습에

붉은 고추나 숯을 대문 앞에 걸면

이 집에 신생아가 탄생했음을 의미했습니다.

그래서 21일 간은 아무도 들어오지 말라는

무언의 약속이었습니다.

외지에서 오는 낯선 공기를 통해 전파되는

바이러스나 장사꾼들의 드나듦을 막기 위한 표시였습니다.

신생아에게 전염병을 가져다주지 못 하도록 막는

지혜로운 방법이었던 것입니다.

21일 간의 외부인 출입금지는

오늘날에도 여전히 유효합니다.

지금도 산후조리원에서 21일 간 몸조리한 후

신생아와 같이 산모는 친정집이나 집으로 돌아갑니다.

21일은 액땜이나 준비를 위한 기본 숫자입니다.

시두는 인간에게만 전염되는 강력하고 무서운 바이러스라

앓고 난 후에도 치명적인 상처를 남겨 두고 떠나기에

미리 채비를 해서 잘 모셨다가 고이 보내드려야 합니다.

작은 신장들의 강력한 부정적 에너지 조합이

바이러스 신장들입니다.

『도전』에 어느 겨울, 대흥리에 계실 적에

아버지께서 성도들을 앞에 세우신 뒤,

신병神兵을 모아 진을 치리라(5:333) 하시어

신안으로 보니 깃발과 창검으로 무장한

수많은 병사들이 산을 메우며 달려와

아버지 앞에서 위엄과 법도로 보법을 행하며

여러 시간을 머물렀다가 물러갔다는 내용이 있습니다.
아버지의 신장들이 산과 들을 가득 메우고
앉았다 일어섰다 나갔다가 물러나기를 반복하며
웅장한 진을 쳤듯이,
태을주로 그 신병들을 불러 세울
마음의 준비를 아버지께 보여 드리고 싶습니다.
현실과 조화세계를 연결하는 생명줄인 태을주로
주문기도를 한다면 화려한 잔치가 될 것입니다.

인류의 모든 기도는
각자의 감성을 통하여 조화세계에 닿으며,
동시에 인간세계로 다시 내려와 효력이 발생합니다.
태을주는 23음절의 소리입니다.
그러나 조화세계에선 무한의 에너지와 자연 음파로
인간이 잃어버렸던 지적인 평화를 선물합니다.
또한 음파로 세포들을 열어주고
하얀 피와 붉은 피 속에서 벌어지는
부정적인 바이러스들의 전쟁터에서
탁한 피를 말끔히 정화시키는 효소역할을 합니다.
손님마마, 시두가 오시더라도
우리가 눈부신 태을주에 꽁꽁 둘러싸여 있다면
시두 신장님들은 독을 거두고 물러날 것입니다.
전염성이 강한 이 괴질병을 이겨 내려면
피를 변화시켜야 합니다.

의통성업의 육임으로 구성된 일꾼들은
태을주의 그 거룩하고 신성한 의미를
몸소 체험해야 합니다.
자신에게 편리한 주장만을 내세우지 말고
하늘과 땅에서 전해주는
내밀한 메시지에 귀 기울여야 합니다.
매사에 참고 인내하며 변함없는 마음, 일심을 가지고
천지의 뜻과 함께 하는 자기의 일상을
꾸준히 착실하게 해야 할 것입니다.
상제님이신 하느님,
천주님이신 아버지를 사랑하는 마음이
사무쳐야 할 것입니다.
이 병란을 통과하면서
육임일꾼이 되기 위해 믿음을 단련하여
강건한 의지로 자신을 자주 자주 일깨우는 데
게을리 말아야 하겠습니다.

인간의 씨종자(8:9)를 추리는 이때의
거룩한 성업을 남들은 시시하게 여깁니다.
육임의 의지를 뼈마디 골수에
눈물로 갈아 넣고 만 번 새겨서
가족은 물론이고 친지와 이웃을
병란으로부터 구할 수 있도록
태을주로 버팀목이 되어야겠지요.

아버지.

저를 믿는 사람들에게

겸손하게 태을주를 알리며 도움을 주고 싶습니다.

그러나 저를 믿는 사람들조차 쉬운 일이 아닙니다.

그들 나름대로 바쁘게 살아가는

공고한 생활의 틀을 뚫고 들어가기란 여간 힘든 일이 아닙니다.

그래서 태을주를 믿을 수밖에 없다는 것이겠지요.

제가 하는 일과 태을주 주문기도의 힘이 하는 일은

다르다는 것을 깨닫고 있습니다.

진리의 근본 틀이자 뿌리이며

우리의 역사의식과 심법 전수의 결정체인

『도전』 말씀을 제 마음과 혼과 뼛속에 다시금 깊이 새깁니다.

아버지의 천지대업을 허수히 안다면(5:245)

불 칼(5:244)이 기다리고 있음을 알고 있습니다.

이렇게 급박한 시기에 해야 할 일에 더욱 집중하며,

앞으로 마주해야 할 시두 신장님들을

손님으로 조심스럽게 맞이해야겠지요.

자상하신 아버지시여, 병란과 개벽을 마음 깊이 새기겠습니다.

천주님을 모시고 행세하는 데 무슨 겁이 나겠습니까.(5:353)

7

포구에 서서(5:66)

잠을 잊으신 아버지,
일찌감치 새벽잠을 접으시고 통영으로 내려 오셨습니까?

통영에 오시면 한동안 머무시면서
천지의 시간표를 다듬으시며
천지공사 생각에 몰두를 하셨습니다.
통영 미륵산을 건너보시며
창생을 생각하시는 마음에 또 울적하신 건 아니신지요.
아버지를 한도 없이 그려봅니다.
그래서 저도 아버지를 품고서
120년 전 그리움에 젖어 아버지 곁에 서서 우러러 봅니다.
앞으로 다가오는 대병란을 생각하면
소중한 생명들의 흐느끼는 울음이
아버지 귓전에 들리시지요.
잠을 잊고 아이처럼 목 놓아 엉엉 우셨던 아버지시여.
턱으로 흐르는 눈물을 닦아드립니다.

간밤에 들려주신 말씀을 되새겨 봅니다.
지구는 푸른 진주이며

우리나라는 진주를 꿰는 실 구멍 한가운데
바로 그 자리라는 것을 보여 주셨습니다.
배추의 속고갱이 자리인 우리 한반도는
태곳적부터 지구의 가장 중앙부에 자리 잡고 있는
지구의 혈穴자리입니다.
아버지 상제님께서 오시기로 한 약속의 땅입니다.
인류 문화의 시원이면서
괴질병란의 최종 매듭을 짓는 곳이기도 합니다.
그 때문에 아버지께서 이 땅에 인간의 몸으로 오시는 것은
우주의 섭리이며 정해진 이치입니다.
아버지께서 오심으로써 저희가 개벽의 다리를 건너
보다 진화된 새로운 차원의 문명세계로 건너갈 수 있는 것입니다.
'성인들의 말씀이 동북 간방에서 이뤄진다'는 예언대로
동방의 등불, 세계의 등불인 이 땅에
아버지께서 탄강하심은 마땅합니다.
당시 우리나라는 국력이 쇠퇴하여
이 작은 땅에서 열강들의 쟁탈전이 벌어지고,
관료들은 부패하고 평민들의 삶은 피폐해져
헐벗고 껍데기만 남은 땅이었습니다.
그 난리 가운데 우주에서 몸소 이 지구 땅을 둘러보시고자
저희 한반도로 직접 오셨습니다.

남해 맑은 바닷가 통영포구는
훗날 국제적인 다민족의 잔치 터가 될 것입니다.
아버지께서 통영 바닷가에서 공사를 보실 때,

아버지의 명에 의해 거북이를 비롯하여
여러 종류의 바다 생물들이 올라와 재주를 부리고 열을 지어
섭니다.

아버지.
작은 포구지만 여러 국가와 가까워지면
이름 모를 괴질에도 쉽게 노출이 됩니다.
지금은 세계가 한 마을이라
바이러스는 어디든 제집 드나들 듯하며
그들의 진동수로 인간의 몸을 파괴시키고 있습니다.
개벽의 실제상황이 눈앞에서 벌어지고 있습니다.
변이된 바이러스 신장들과의 대결을 극복하고
새로운 차원의 지구촌 문명으로 함께 전환해나가야 합니다.
병겁으로 인해 점점 더 공포에 짓눌리게 될
우리의 수많은 젊은이들과 아이들이 안타깝습니다.
통영 포구에 서 계시는 아버지의 그 슬픔이
제 가슴 안으로 고요히 전해져 옵니다.

지금 저희는 병란의 환경에 매일 매일 부딪치며
시시각각 바이러스로 인해 목숨을 위협받고 붕괴되어 가는
이웃나라들을 안타깝게 바라보고 있습니다.
개벽의 물결을 직간접적으로 체험하고 있습니다.
이 같은 현실에서 백신보다 더 소중한
태을주의 음파에 한없이 감사하고
잠시라도 마음에서 뗄 수 없는

공기같은 주문이라는 것을 체험합니다.

몰려오는 괴질 대병란의 폭풍을 태을주로 막아내고

『도전』을 읽으며 의식을 성숙시키고

천지공사 보시던 아버지의 그 세계로

몰입할 수 있는 정신력이 필요한 때입니다.

태을주의 조화세계와 신비한 체험을 받아들이며,

무엇보다 태을주로 가을개벽을 극복하는 것이

얼마나 중요한 우주적 천명인지 더욱 깊이 깨닫습니다.

지금 포구에 서서 아버지 곁으로 다가왔습니다.

저는 맹목적으로 태을주를 읽기보다

왜 태을주를 읽어야 하는지 과학적으로 설명하고 싶습니다.

인간의 몸은 뇌에만 860억 개와

몸 전체의 세포들은 신비해서 헤아릴 수 없다고 합니다.

이 세포들의 70% 이상이 물이기에

물의 파장은 인간에게 큰 영향을 미칠 수밖에 없습니다.

소리의 진동을 연구하는 학회에서는

인간에게 좋은 영향을 주는 파장의 숫자들을 찾아냈어요.

몸과 마음을 다스리고 평화를 얻는 파장은

지구가 내고 있는 고유의 주파수인

432Hz와 528Hz임을 알아냈습니다.

물론 더 높은 진동의 파장도 있습니다.

보다 높은 진동들은 빛에 쌓인 사람들의 파장이며,

이들은 우주와 차원이 다른 존재와 연결되어 있으며

직관을 통해 살아가는 분들의 진동 주파수입니다.

거기에 도달하기에 앞서 우리에게는

이 432Hz와 528Hz와의 만남이 무엇보다 중요합니다.

이 진동은 과학적이고 수학적인 조합으로 조율되어 있어

자연과 가장 가까운 소리와 일치합니다.

멍들고 깊이 상처받은 마음을 회복시키고,

흔들린 DNA를 스스로 복구하게 하는 조화의 진동수이며,

삶의 기적적인 변화를 가져오게 하는 진동수입니다.

무게도 없고, 보이지도 않지만

소리는 인간의 운명을 좌우합니다.

일반적인 기도나 주문소리도 자연계의 파장과 흡사해서

432Hz, 528Hz 이상입니다.

그레고리오 성가나 테제 성가, 법문들은

대부분 짧은 주문이나 기도문을 단순 반복하는 것인데

이런 진동수를 냅니다.

이 진동 안에는 조화가 허물어진 세포들을

원래대로 되돌리는 본질이 있습니다.

바흐, 비발디, 쇼팽, 모차르트 등의 클래식 음악이

대부분 이 같은 진동수를 가지고 있습니다.

물방울이 떨어지는 자연의 파장도 역시 같은 계열의 진동입니다.

그렇다면 70% 이상이 물로 이루어진

우리 인간의 세포들에게 이 주파수를 들려준다면

우리의 망가진 세포들이 회복될 것이고,

이것이 꾸준히 이루어진다면

질병에 대한 염려도 훨씬 줄어들게 될 것입니다.

엄마의 자장가를 들으며 잠들던 생각이 떠오릅니다.

그런데 물방울이 떨어지는 소리 대신
태을주 노래를 깊은 호흡과 함께
반복적으로 몸에 들려준다면
더 좋은 보약이 없을 것입니다.

태을주 한 글자 한 글자에는
우주생명의 물방울 같은 씨앗들이 담겨 있습니다.
그런데
태을주를 혼자서 기도하며 읽을 때와
많은 이들이 함께 읽을 때의 파동의 효력은
물방울과 폭포의 차이라 할 수 있습니다.

호흡기를 통해 들어와서 변이를 일으키는 바이러스는
태을주 진동을 만나면 파동이 맞지 않아
항복하며 물러날 것입니다.
즉 태을주는 자기의 수행에 따라 과학적으로도 인체에 아주 좋은
보약이라는 것이지요.

세계적인 뇌 과학자인 조 디스펜자(Dr. Joe Dispenza, 1962)는
신비주의도 역시 분명한 과학이라는 것을 증명해낸 분입니다.
그는 25년 동안 초자연적인 뇌의 활동을
실험한 결과를 책으로 여러 권 출간했으며,
세계적으로 공개토론 포름(Forum)도 하고 있습니다.
그는 어느 날,
교통사고로 척추가 6군데나 부러져 수술을 해야 했고

그렇지 않으면 걸을 수 없다는 진단을 받았습니다.

그런데 그는 척추수술을 거부하며

뇌의 치유력을 통해 의식과 집중 생각만으로

치료를 해보기로 마음먹었습니다.

그는 누워서 '마음속 그림그리기'를

매일 집중적으로 실행하면서

척추신경과 뇌신경이 서로 만나 몸이 완전히 치유되고

다시 걷는 모습을 상상했습니다.

마침내 으스러진 척추의 뼈들이 12주 만에 걸을 수 있게 되었고

이후 자연치유에 관한 연구를 통해

인간의 마음과 육체를 다스리는 열쇠가

뇌에 있다는 사실을 과학적으로 조 디스펜자 박사는 말합니다.

오늘도 그는 세계로 초대를 받고 강연을 합니다.

꿈은 상상을 낳고 상상은 치유하게 한다며

자기 몸에 연결된 보이지 않는 신경들과

연결된 순환 과정을 말하고 있습니다.

주문기도나 집중수행도

그 자체에서 나오는 음파의 작용이

매우 과학적이라는 것을 증명한 것입니다.

그는 수행을 반복하면

우리 뇌와 몸이 그것을 서서히 받아들이는 과정에서

유전자 레벨이 스스로 변화되어,

우리의 몸이 진화된다고 하였습니다.

이러한 경지를 경험하게 되면,

몸은 이것을 바로 '체득(State of Being)'하게 된다고 합니다.
뜨겁게 달군 말발굽으로 도장 찍듯
몸에 콱 찍혀버린다고 비유하고 있습니다.
이러한 원리가 바로 양자장(Quantum Field) 이론,
우주법칙이라고 합니다.

아버지.
저는 이런 우주법칙을 태을주로 몸에 체득하여
도장을 찍자고 생각해봅니다.
몸은 아주 세밀하고 정교하며
과학적인 매커니즘으로 움직입니다.
여기에 태을주 진동의 도장이 찍힌다고 여겨집니다.
태을주를 마음으로든 소리로든
깊은 호흡을 통해 진동시키면 파동이 점점 강해지는데,
이것은 펌프로 물을 뽑아 올리는 원리와 같습니다.
특히 다른 주문과 달리 태을주를 읽으면
우리 뇌에 희망의 파동과 사랑의 감정인
알파파 진동이 함께 합세됩니다.
태을주의 '훔'은 가장 우주다운 음파이며,
인간에게는 소의 울음소리처럼 들리는데,
아기가 자궁에서 듣는 공명의 소리와 같습니다.
이 소리를 반복적으로 내 몸에 습득함으로써
양자장(Quantum Field)을 만들게 됩니다.

안내성 성도님은 3년 동안

자리를 뜨지 않고 태을주 수행을 하셨습니다.

3년은 1,000일입니다.

사람마다 조금씩 다르겠지만

사람의 체내에 온전히 습득되는

자연스러운 기간이 보통 1,000일입니다.

1,000일에 걸쳐 체득된 혈액의 파동은 일반인보다 뜨겁습니다.

아버지께서 성도들을 수행시키실 때나

아버지와 함께 있으면 모기가 달라붙지 않았고,

빈대도 사라졌다고 합니다.

그것은 인체의 70% 이상을 차지하는 물의 형체가

맑게 정화되어 피부의 파동이 달라졌기 때문입니다.

인체의 수분은 복록수가 되고 파동수가 달라졌기에

모기나 바이러스들이 근접을 못하는 것입니다.

지금의 병든 땅 병든 하늘에서 살아남아

개벽의 관문을 거쳐 고차원의 후천세상에서 살아가려면

우리의 몸도 그 차원에 맞는 주파수를 가져야 함은

당연한 이치입니다.

날마다 가슴으로, 온몸으로

태을주를 반복적으로 호흡하면

습관이 되고 결국 습득이 됩니다.

뇌의 회로를 태을주의 진동으로,

신성한 우주의 빛으로 바꿔야 한다고 생각합니다.

이렇게 되기까지 남모르게 수행하고

조용히 아버지를 사모하고 부르면서

앞으로의 세상에서 만나게 될 조상님들과
그 이웃 어르신들을 떠올리면
즐거운 엔돌핀이 저를 행복감에 감싸이게 합니다.

포구에 서서 바다 위를 걸으셨던 아버지를 그립니다.
아버지의 손을 잡고서 뒤를 따라
바다 위를 밟았을 성도님들도 떠올립니다.
포구에 서 계시는 아버지, 무슨 생각을 하셨습니까.
제 자신의 미래의 삶을 위해,
또 새로운 창조생활을 위해 매일 반복하여
태을주 수행으로 단련해야겠지요?
풀꽃을 바라보며 아버지의 지문을 생각하고,
『도전』에 유달리 많이 등장하는 감나무 잎을 보며
아버지를 그리며 또 편지를 씁니다.
통영 바다를 바라보시며 어떤 생각을 하셨습니까.

아버지.
지구는 대우주에게 바치는
영광된 복록수임을 보여주셨습니다.
이 우주의 복록수를 아버지와 함께 마시는 그날까지
사랑하는 아버지, 내일 다시 인사드리겠습니다.

8

안내성安乃成 성도님께 드리는 편지

사랑하는 안내성 성도님께.

성도님을 그리며 편지를 쓰려니

고통 가운데 계셨던 성도님 생각으로 가슴이 메어옵니다.

9살 어린 나이에,

행방불명된 그리운 아버지를 찾아

전국 방방곡곡을 돌아다니며

상상도 못할 삶의 무게를 안고 홀로 고생하셨지요.

금강산 어느 절에서 불목하니 노릇을 할 때

장차 오시는 미륵님에 대한 소식을 접하게 되면서,

아버지도 찾고 스승도 찾고자

생을 바쳐 돌아다니시다가 금산사에 이르게 되었습니다.

거기서 기도하고 나오던 중

마침내 정읍 새재에서 증산 상제님을 뵙게 되셨지요.

그토록 꿈에 그리던 선생님을 드디어 만나게 되셨으니

얼마나 감격스러우셨을까요.

하느님을 만나기 위해

젊은 시절을 모두 바치셨던 성도님께

애틋한 마음으로 문안편지 드립니다.

성도님.

상제님께서 여러 성도들 가운데 당신님을 불러

태을주太乙呪를 전수하신 데에는 특별한 이유가 있습니다.

태을주를 전수 받기 전 수차례 시험에도 오르셨지요.

상제님으로부터 온갖 구박과 천대와 무시를 당하셨고,

외출할 땐 늘 무거운 짐을 지고 따라야(3:192) 하셨습니다.

그렇게 상제님께서 겁기를 벗겨 주셨고,

그런 박대 속에서도 굳은 믿음으로

상제님이 어천하실 때까지

언제나 한결같은 마음으로 상제님을 모셨습니다.

성도님의 바위처럼 뚝심 있는 인내심은

현재를 살고 있는 저에게 큰 깨우침을 주십니다.

성도님의 믿음과 신념을 보면서

저는 『도전』에서 보약을 먹는 듯한 감동을 받습니다.

상제님을 곁에 모시면서

상제님의 성음을 직접 듣고

직접 옥체의 체취를 맡으신 성도님.

성도님은 상제님의 천지공사 중에서

많은 사명과 도수를 내려받으셨습니다.

상제님께서는

"너는 내 도의 아내라.

태을주만은 너에게 전하여 주리니 태을주를 많이 읽으라.

너는 이 세상에 태을주를 전파하라.

태을주는 우주 율려이니라.

파라, 파라, 깊이 파라.

얕게 파면 죽나니 깊이깊이 파야 하느니라."(5:263)
하시며 태을주를 전수해주셨습니다.
그리고 도의 아내 도수(5:263), 무당 도수(3:276),
일꾼 출세공사(5:341), 팔선녀 도수(5:204) 등
많은 도수들이 천하사를 매듭짓는 추수 도운과 직결된
중요한 도수임을 『도전』을 통해 알게 되었습니다.
아버지로부터, 이러한 공사들을 맡기신다는 말씀을 들었을 때
안내성 성도님은 기쁨과 함께 책임, 그리고 감회와 감사,
수행의 승리감으로 가슴이 터질 듯 벅차오르셨지요?

후일 상제님께서 어천하신 뒤,
맡은 바 사명을 받들고자 모악산 백운동으로 들어가서
두문불출하며 3년 동안 자리를 뜨지 않고
일심으로 태을주를 읽으셨습니다.
수행하면서 일어난 신기한 체험들은
많은 사람들에게 알려졌지요.
상제님 어천으로 슬픔에 젖어 방황하던
성도님들도 찾아와서 큰 위안을 삼고
태을주를 함께 읽기 시작하였습니다.
안내성 성도님께선 수행에 얼마나 심취하셨던지
공부가 끝나 보니 외모조차도
도의 아내답게 여성스럽게 변했을 정도였다고 합니다.
그곳에서 뜻을 같이하는 성도님들과 함께
상제님을 받들며 신앙하셨지요.
성도님께서 세상을 떠나실 때 신도들에게 말씀하시길,

"앞으로 이 백운동은 쑥대밭이 된다.",

"뒷일을 할 분은 후에 나온다.
우리 일은 뒤에 다른 분이 오시어 이루게 된다."고 하셨습니다.

심안이 환히 열리신 성도님이시여.
저는 『도전』을 읽을 때마다
성도님의 한결같은 신앙심,
드러나지 않는 겸손한 활동들이
더욱 빛을 발한다는 사실을 깨달았습니다.
그러기에 강하고 부드러운 안내성 성도님을
누구보다 무척 존경하게 됩니다.
많은 성도님들 가운데서
그토록 무시당하면서도 묵묵히 인내하며 순종하고,
무조건적으로 상제님을 따르는 모습,
내적인 믿음의 놀라운 힘을 보여주셨습니다.
저도 그러한 일심을 가질 수 있도록
성도님의 힘을 물려주시옵소서.

성도님의 아들이신 안정남님은
"그 분이 하느님이시다"라는 말씀을
아버지로부터 들었다고 여러 번 말씀을 하셨습니다.
미륵님을 찾아 전국을 돌아다니고,
마침내 상제님을 만났지만,
온갖 구박과 멸시도 다 이겨내시어
마침내 여러 공사의 주인공이 되신

안내성 성도님의 열정을

제 가슴에도 심어주실 것을 믿습니다.

성도님의 측은지심으로 저희를 포근하게 안아주시고

힘내라고 용기 북돋아 주실 것을 약속해 주십시오.

저도 "무식이 도통 났구나"(6:84) 하실 때까지

성도님을 살피겠습니다.

안내성 성도님의 구도의 시간들을

널리 알리는데 필히 힘을 다하겠습니다.

축복하여 주옵소서, 아버지.

제비창골 암자
2020.

황홀한 틀

1

성지를 향한 설레는 출발

아버지, 밤새 안녕히 주무셨는지요?
오늘은 성지순례를 다녀오는 특별한 날입니다.
아버지의 숨결 속 그 시간으로
저를 데려가시며 일꾼이 되라 하십니다.

성지순례를 떠나기 바로 전날,
서울 하늘은 꾸물꾸물하다가
소나기까지 덩달아 뿌렸습니다.
그러나 막상 떠나는 날은
새벽녘 물빛 하늘에 오래도록
샛별이 마중을 나와 지켜주었습니다.
알 수 없는 예감에 가슴은 계속 울렁거렸습니다.

저의 자유의지로 증산도에 입도한지 20여 일 남짓한 시간들.
눈을 겨우 맞추는 신생아에 불과했던 저는
성지를 감히 밟는 것조차 턱없이 부족한 아이였습니다.
고작 몇 가지 에피소드 외엔
『도전』속의 이야기들을 깊이 알지도 못했습니다.
그러나 아버지.

모른다고 걱정하기보다 앞으로의 시간이
저에게 더욱 소중하리라는 것을 예감하며
자책이나 푸념은 않기로 마음을 굳혔습니다.
목욕 후 손발톱을 얌전히 다듬고
순례 가방을 정리하는 동안 마음의 안정을 살피며
이미 가슴은 성지로 달려가고 있었습니다.
시천주주, 태을주 품에 안겨 의식을 달래고
정성과 일심으로 시천주주, 태을주 노래를 하며
전국에서 찾아드는 순례자들과
한마음으로 동참하고자 했습니다.

광화문 도장은 세 가지 방법으로
성지聖地를 향하여 출발했는데,
저는 새벽 6시 서울역에서 출발하는 팀에 속하게 되었습니다.
편안한 복장에 따뜻하게 껴입었습니다.
6시 정각이 되자 어김없이 역 앞에 나타난
성실한 선배 도생님들과
만면에 미소를 품고 함께 KTX에 올랐습니다.
아버지.
아버지께서 말씀하신 대로
150년 전과 지금의 교통수단은 이렇게 달라졌어요.
기차는 서울에서 정읍井邑까지 단숨에 미끄러졌고
역에 도착하자 두 팀으로 나눠 인근 식당으로 들어갔습니다.
시원한 북엇국과 콩나물국으로 새벽의 빈속을 달래는 동안
일행은 누구도 말없이

저마다 침묵 속에서 국밥을 맛있게 먹었습니다.

빈속을 채운 만족감으로 총알택시를 두 대로 나눠 탔습니다.

십 여분쯤 지나 신월리新月里로 향하는 도중,

중년의 택시기사께서 "아, 거기요, 보천교 말유" 하길래

이 지역은 여전히 보천교의 잔상이 남아 있다는 것도

순례 전에 확인할 수 있는 반가운 소식이었습니다.

전국에서 대형 버스 20여 대가

객망리 마을 어귀로 계속 모여들었고

먼저 도착한 팀은 이미 논두렁 옆으로 난 길로

마을 회관으로 올라가고 있었습니다.

회관으로 가는 길목에는

길을 안내해주는 남녀 안내원들이 마중을 나와 있었습니다.

누군가 건네주는 얇은 책자가 내 손에 쥐어져 살펴보니

〈성지순례 가이드북〉이었는데,

제3차라고 쓰여 있는 것을 보니

이미 두 차례 순례를 마쳤음을 알 수 있었습니다.

2

하느님이 오신다는 전설의 마을이름,
객망리客望里

아버지, 아버지의 고향 객망리를 어찌 잊겠습니까.
도랑물에서 감발을 풀고 발을 씻으시던 중에
큰 소리로 "허망하다. 허망하다" 하시며
목 놓아 슬피 우셨던(7:48) 아버지.
"객망리는 초빈터니라"(7:49) 하시며
눈물 삼키시던 그곳 객망리입니다.
이런 생각에 잠겨 어느덧 마을 어귀에 도착했습니다.

인류를 살려낼 하늘의 주인을 기다린다는 전설이 있는
정읍 손바래기, 객망리客望里에 왔습니다.
7세 때, 땅 밑의 수맥을 아시고
"어서 물 나라, 물 나라" 하시며
고사리같은 손으로 땅바닥을 파셨지요.
아버지께서는 어릴 적부터 천지를 살리는 물,
생명수로 인류의 목마름과 배고픔, 녹禄을 해결하고
인간의 존엄과 생명에 대한 무한한 애정과 책임으로
인류구원을 준비하고 계심을 예고하신 것입니다.

순례자들은 어린이와 청소년의 초립동들과 대학생들
그리고 학부모들까지 얼추 600여 명 이상이
회관 앞으로 빽빽하게 모여들었습니다.
그런데 아버지께서 탄강하신 생가는
누군가 살고 있는지, 볼 수 없는 듯했습니다.
저는 까치발로 홀짝 뛰어
담 너머 뜰 안의 정원을 훔쳐보았는데,
마당에 심어 놓은 싱싱한 초록의 대파들이
싱그럽게 자라고 있었습니다.
파 꽃들은 곰살궂은 야그(이야기들)를 담은 채로
하얀 꽃 비단 우산을 펴들고
고즈넉한 집터를 지키고 있었습니다.
하늘은 파랗고 계절 중 가장 아름다운
5월의 투명한 햇살이 내리쬐면서
한낮에 뜨겁기로는 만만치 않았습니다.
민감성 피부염을 앓고 있는 저는
누런 밀짚모자로 햇살을 눌러 잡았고,
탄강지 생가 뒷담에 버티고 서있는 무성한 고목은
회관 공터에 고마운 그늘을 제공하였습니다.
어디선가 아카시아의 달달한 꽃향기가 돌담을 넘어왔습니다.

제가 처음으로 뵌 종도사님은
대파가 자라고 있는 담 아래 서서
열강의 문을 열기 시작하셨습니다.
종도사님께서는

천주天主 문화의 주인이신 강증산姜甑山 상제님께서
신미辛未(1871)년 음력 9월 19일에 인간으로 탄강하셨고,
이 지역의 지리地理가 필연적으로 탄강지일 수밖에 없다는
아버지의 이야기를 열의를 담아 애타게 전해 주셨습니다.
평소에 '상제님께서 많고 많은 성씨 중에
왜 강씨 문중에 오셨을까' 했던 의문도 쉽게 풀렸습니다.

강씨姜氏가 모든 성씨의 원시이며,
원시반본하는 우주 가을 개벽시대의 이치에 따라
강씨가 천지공사 성업을 맡게 되었다는
『도전』 2편 37장 말씀을 설명해 주셨습니다.
강씨 혈통은 상고시대 배달국의 신농씨로부터 시작되었고
고구려 때 병마도원수를 지낸
강이식 장군의 21세 손인 강계용께서
진주 강씨 박사공파의 시조임을 알게 되었습니다.
많은 분파를 타고 내려오다가
아버지께선 진주 강씨 박사공파 23세손이요
진천공파 15세손이십니다.
부친께서 나중에
백부인 강두중씨에게 양자로 출계하심으로써
상제님은 13대 좌랑공 강부姜溥의
종손이 되십니다. (1:12 참조)
아버지의 어머니이신 성모님께서
열석 달(황극수인 384일에 맞춤)만에
상제님을 낳으신 이유는

천상 백보좌에서 가을 기운인 서방 금金(4·9) 기운을
주재하시는 분임을 나타내기 위함이요,
시천주侍天主 주문의 열석 자 기운에 맞추어
오셨음이라는 것도 알게 되었습니다, 아버지.

아버지께서는 여섯 살 때
훈장에게 천자문을 가르침 받았지만
이내 스스로 하늘[天]의 이치를 깨달았고
땅[地]의 순리를 터득하신 후 천자문을 접으셨지요.
가난한 농부의 아들로
14세, 15세엔 남의 집 머슴살이도 하고
산판꾼 일도 하셨다고 합니다.
배고프고 고달팠던 아버지의
청소년 시절 이야기를 듣는 내내 가슴이 먹먹했습니다.
그렇게 인류의 가난을 몸소 체험하시며
인간의 고통을 대속하고자 하셨습니다.

중국의 신비한 곤륜산으로부터 시작하여
동방의 종주산인 백두산이 솟고,
백두대간百頭大幹이 남쪽으로 쭉 뻗어 내리다
태백산에 이르러 서쪽으로 굽이돌고
영취산靈鷲山에 와서 서북으로 분기한
금남호남정맥錦南湖南正脈이
마이산馬耳山 위의 주화산珠華山에 이르러
북으로는 계룡산으로 이어지는 금남정맥으로 뻗고,

서남으로는 호남정맥으로 뻗어

내장산을 지나 방장산方丈山을 이루고,

방장산 상제봉上帝峰에서 호남평야를 감싸며

한 줄기는 서북으로 이어져 변산邊山에 이르고,

한 줄기는 동북으로 뻗어 올라가

두승산斗升山을 만드는데(1:14),

두승산은 일곱 신선이 놀다가 승천한 곳이라고 합니다.

두승산 기슭에는

오학지지五鶴之地의 드넓은 분지가 펼쳐지고,

그 맥이 다시 동죽산東竹山으로 솟구쳐

그 줄기가 망제봉望帝峰을 이루고,

이어 시루산甑山을 이룹니다.(1:14)

시루산은 작은 산이지만,

이 시루산을 중심으로 서쪽의 두승산과 변산,

남서쪽의 방장산, 입암산, 망제봉,

동북쪽의 상두산象頭山, 모악산 등이

모두 시루산에 배례하는 형국이라는 것을

이번 순례에서 알게 되었습니다.

백두산에서 금강산을 타고 내려 온 지맥이

호남의 변산, 방장산, 두승산을 건너

시루봉으로 열매를 맺는 것이라는 걸요.

그리고 상제님께서 자라신 시루산 아래 손바래기는

드넓은 호남평야의 영기를 품에 안은

산자수명山紫水明한 마을이라고 합니다.

시루산 앞에 놓인 두승산은
종종 아버지께서 유년시절 자주 오르신 산인데,
숲으로 들어가시면서 무슨 생각에 잠기셨을까
상상을 해보았습니다.
호랑이의 기질을 알아보기 위해
호랑이로 둔갑하여 앉아 있기도 하셨던 아버지.
개벽의 참담한 과정을 거쳐야 하는 인류가
다가오는 무섭고 공포스러운 괴질의 병겁에서
많이도 죽어갈 것을 아시고 대성통곡하셨습니다.

굽이굽이 흐르는 산천의 대지가
마치 사람의 몸과 같은 이치로 이루어져 있음이
저에게 많은 감동과 놀라움을 던져주고도 남았습니다.
동시에 비밀스러운 탄강지는
무구한 역사를 거슬러
이미 산천이 만들어지기 시작할 때부터
정해져 있었다는 사실을
뼛속 깊이 사무치도록 깨닫습니다.
천리행룡千里行龍으로 달려온 산의 정기가
마지막에 결실 맺는 곳이
지구의 핵, 삼면이 바다로 둘러싸인
한반도의 조선 땅 대한민국이라 합니다.
우주 가을에 열매를 거두는 것은
시루산으로 오신 천주님이신
아버지의 우주적 천업天業이십니다.

이러한 천지의 이치 때문에

전라도 객망리 손바래기에 오셨지요?

시루산, 증산甑山에는

인류구원의 의미가 깊이 담겨있습니다.

시루는 천주님의 무극대도 정신과 구원을 표상합니다.

시루, 증산甑山의 의미도 오묘합니다.

시루의 떡은 군불이 있어야 익을 것인데

그 뜨거운 불은 누가 지피며,

그것이 곧 개벽을 뜻하는 것일까 하는 궁금증을 갖게 합니다.

우리 팀은 시루산 쪽으로 길게 늘어선

순례자들의 발자국을 따라 능선을 타고 올라갔습니다.

푸른 하늘을 가리고 잠시 땀을 식힐 만한

무성한 숲은 향기로웠습니다.

산 흙을 밟으니 신선한 흙냄새가 올라왔어요.

도시의 시멘트로부터 탈출한 발바닥에 닿는

생명의 감각에 절로 건강해지는 것 같았습니다.

130년 전, 지금 제가 밟고 있는 이 산을 오르셨을

아버지의 체취를 맡아봅니다.

시간이란 본래 시작도 끝도 없으며,

길지도 짧지도 않으며 단지 공간이 있을 뿐입니다.

우연이란 없으며,

필요로 하는 사람의 간절한 열망이 응집되어

한 점에 도달했을 때 그것이 나타나는 것일 뿐,

우연한 기회에 성지순례를 한 것은 아닌 것 같았습니다.

순례 내내 아버지께서 인간으로 오신

강세의 의미를 소처럼 되새김을 하였습니다.

3

상제님의 외가 서산리書山里

외가 서산리.
시골 초등학교의 널따란 운동장에서
수백 명이 둘러앉아 도시락을 펼치고 먹자니
그늘이 모자라 아쉬웠습니다.
마침 줄지어 선 대형 버스들의 늘어진 그늘은
안성맞춤의 도시락 자리여서
우리 팀은 버스를 등지고 앉아 점심을 먹으며
도란도란 이야기를 나눴습니다.
어느새 빈 도시락은 웃음으로 가득 채워지며
점심시간이 끝났습니다.
달달한 식혜는 목마름을 해결해 주었지만
인원에 비해 턱없이 부족한 화장실 문제로
다음 예정지로 출발해야 하는 빠듯한 일정에 쫓기며
애간장을 태우기도 했습니다.

우리가 탄 15번 버스는
시루산에서 북쪽으로 4킬로 떨어진
서산리 신작로에 순례자들을 쏟아냈습니다.
자동차도 없는 시골길에

초복도 아닌데 극성을 부리는 햇살은
머리 장배기를 따갑게 비췄습니다.
길 양옆으로 펼쳐진 논밭의 거름 냄새가
새삼스럽게 코 안을 깊숙이 자극하였고,
하얗게 구불구불 부풀은 새털구름은
어느새 푸른 하늘 위로
신기하게도 봉황새를 그리고 있었습니다.

서산리는 증산 상제님 아버지의 외가이며,
성모님의 친가라 아버지의 유년기,
청년기까지 이곳에 자주 오고갔을 것입니다.
하늘에서 보면 이 지역은 시루산의 맥이 북방으로 뻗어
용곡龍谷 용두리龍頭里가 자리 잡고,
그 위에 산줄기가 마을을 겹으로 휘감아
태극 형국으로 이루어진 마을이라고
『도전』에 쓰여 있습니다.(1:15)
서산리는 원래 배틀이라 불렀다고 합니다.
많은 배들이 동진강 하류를 거쳐 이곳에 들어 왔다고 하고,
또 팔선리八仙里라 불렀는데
여덟 명의 신선들이 살았던 곳이라는 전설도 내려옵니다.
우리가 머물며 역사의 증언을 들었던 장소는
500평 남짓한 빈터의 원형극장 같은 곳이었는데
주변으로 하늘이 안보일 만큼
곧게 뻗은 소나무들로 둘러싸여 있었습니다.
지난해 떨어진 낙엽이 켜켜이 쌓인 그곳은

솔방울들이 평화롭게 구르고 있어
마치 거대한 새둥지 같았습니다.

시골 마을의 모든 이들에게 쉼터를 제공해주는
대지의 오묘한 정기를 느낄 수 있도록 해주는 이곳에서
성부님과 성모님의 아들 잉태에 대한
신비로운 태몽이야기도 들었습니다.
상제님의 아버지이신 성부님은
하늘에서 불덩이가 떨어져 품으로 들어오는 태몽을 꾸신 뒤,
이곳 서산리 친가에 근친覲親하러 와 계신
성모님을 찾아와 동침하셨다고 전합니다.(1:16).
그 무렵 성모님께서도 하늘이 남북으로 갈라지며
큰 불덩이가 성모님 앞으로 내려와
호박 같은 것이 황금색으로 변하여 품에 안으시니
세상이 광명해지는 꿈을 꾸셨다고 합니다.(1:17)
이렇게 상제님께서 잉태되시어
13개월 만에 객망리에서 탄강하셨습니다.

간지럼을 태우는 신선한 솔바람이 불어왔습니다.
바람은 순례자들의 어깨 사이사이로 보드랍게 땀을
식혀주었습니다.
잠시 주문과 도공을 하며 식곤증을 물리쳤고,
종도사님과 함께 주송呪誦을 시작하면서 졸음을 다스렸습니다.
여기에 더해 '지기금지원위대강至氣今至願爲大降' 도공을 하니
그새 몸이 가벼워지는 것 같았습니다.

상제님의 외가인 권씨 집안에는

단학丹學 계통의 수행자 가운데 가장 큰 인물이신

청하靑霞 권극중權克中(1585~1659) 선생이 계십니다.

상제님의 어머님이신 성모님은 권청하의 10세손이십니다.

외가의 도적道的인 분위기로 인해

상제님께서는 성장과정에서 많은 영향을 받으셨다고 합니다.

상제님은 가난하여 외가 서산리에 자주 오셔서

일을 도와주곤 하셨는데

9세 때엔 가족 모두 서산리로 이사하셨습니다.

10세 이후에도 이곳에서 사셨다고 하는데,

그때 어린 묘목이었을 지금의 이 소나무들을

당시 익히 보셨을 거라고 상상해 보았습니다.

지금은 눈에 보이지 않지만 인류구원을 위하여

몸소 이 땅에 다녀가신 아버지 하느님을

다시금 마음 중심에 뜨겁게 모시게 되었습니다.

순례 일행은 어느덧 마지막 장소인

'자는 개의 형상을 한 땅, 숙구지宿狗地'를 향하며

아쉽기에 더욱 소중한 곳 서산리를 뒤로 했습니다.

4

모든 것을 이루는 일꾼,
그 상징 숙구지宿狗地

태을주를 알고 있는
어린이, 청소년들, 대학생들, 학부모들은
온종일 답사에 힘들어도
겉으로는 활기찬 모습에 그들을 칭찬했습니다.
숙구지 마을에서 개의 입에 해당하는 곳에
일제 때 일본인 구마모토가 지은 집이
아직도 튼튼하게 보였습니다.
미색의 2층 집 창고 앞을 지나는데
'용서의 마을'이라 쓴 정자가 있는 넉넉한 터에 와보니
땅바닥 벽돌 틈새로 촘촘히 올라온 팽이 풀들과
주변에 아름드리 큰 고목들이
흘러가는 시간 사이로 너울너울 춤을 추었습니다.
이 고목들 아래로 아버지도 몇 번인가 오가시며
천지공사를 보셨다고 합니다.
우리는 뭐라 말할 수 없는 경외심과 애정을 느끼며
상제님도 인간이셨던 그 애틋한 여러 사건 속으로
시간들을 더듬었습니다.

종도사님께서는 상제님께서 행하셨던

몇 가지 에피소드를 들려주셨는데,

김경학 성도님께서 태을주로 사람을 살려

처음 포교 운을 열었으니,

태을주 도업을 마무리 짓는 곳도

이곳 숙구지라고 하셨습니다.

또한 이 마을에 살았던 동학신도인

'전태일全泰一'(＝太一, 태일문화를 여는 이)이라는 분이

시천주 주문을 읽고 있었는데

어느 날 한 노인의 가르침을 받고

상제님께 찾아왔다고 합니다.

상제님이 그에게 준 봉투 안에는

태을주가 쓰여 있었습니다.

그가 하루저녁에 태을주를 읽으니

착한 숙구지 동네 사람들이

모두 따라 태을주를 읽었다고 합니다.

이 이야기는 꼭 영화의 한 장면 같은 사실이었습니다.

종도사님께서는

"천지개벽이 몰려닥치는 시간이 온다.

지구의 질서가 바뀐다.

이것이 가을개벽이다.

지구의 23.5도 기울어진 축이 바로 서게 되고

동시에 봄, 여름, 가을, 겨울의 차이가 없어지며

이때부터 후천세상으로 들어서고

새 생명이 시작되며,

태을주 기운이 가장 필요로 하는 시기다.

이때가 되면 듣도 보도 못한 희귀한 병들이 발생하고

천연두가 대발하고 전쟁도 일어나기 때문에

집집마다 가가도장을 만들어야 한다”

고 말씀하셨습니다.

“숙구지 마을 사람들처럼 태을주를 노래하며

입에서 태을주가 계속 뱅뱅 돌게 읽어야 한다.

온 세계가 선경낙원의 도장이 될 것이며,

부모형제를 살리고 직선조와 외선조 등 선령들의

생명을 살리는 3대 의통을 전수받을 수 있다”고

거듭 강조하셨습니다.

천지개벽 때에 살아남으려면

태을주와 새울도수로 육임 태을랑 조직을 만들어

세상 사람들을 살려야 합니다.

육임 태을랑, 의통조직은 바로

북두칠성의 정기라고 말씀하셨습니다.

후천 세상은 인류문명을 하나로 묶을 것이며,

지구문화는 통일되고,

지구 마을의 마지막 분단국인 우리나라의 남북통일은

이루어질 것이라고 덧붙이셨는데 넘어야 할

산과 언덕이 가로 막혀 있습니다.

그리고 ‘숙구지가 모든 우주공사의 완결이 이뤄지는 곳’이라고

절절하게 강조하셨습니다.

붉은 황혼을 어깨 위로 업은 종도사님은
마치 드넓고 깊은 호수에 잠겨 있는 모습 같았습니다.
해박한 말씀을 들을수록 내 무지함은
반대로 빠져나가는 것만 같았습니다.

순례의 마지막 시간,
낮에는 비록 태양이 이글거렸지만
황혼을 앞세운 바람의 시간은 언제나 그랬듯 슬슬했습니다.
과히 천년 숨 쉰 부부 고목 아래
우리와 같은 감성과 감정, 오감을 취하여
이 땅에 오신 아버지 하느님께서 9년 천지공사를 보실 적에도
오늘처럼 고목 아래에 서 계셨던 것입니다.
한여름 날, 참외, 수박도 직접 만들어 드셨고
시원한 그늘 아래 낮잠도 주무셨을 텐데,
지금은 안 계신 이 자리에 황금색 황혼만이 눈부십니다.
바람의 존재를 알리는 나뭇가지 이파리들의
방정맞은 품바 춤들을 저처럼 바라보셨을 아버지….
일행은 헤아릴 수 없는 내면의 묵은 생각들을 잠시 접고
우주의 주인이신 어버지와 감히 하나되는
귀한 시간에 감사할 뿐입니다.

서울역으로 돌아오기 전,
역에서 일행들과 서둘러 국밥을 말아 먹고
출발시간 5분 전에 뛰어가 KTX를 탔습니다.
몸을 실은 기차는 서울에 단숨에 닿았습니다.

차창 밖 도시는 이미 어둠에 깊숙이 묻혔고
기차는 우리 팀을 밀어냈습니다.
아직도 내 가슴에 살아있는 그곳,
인류를 살려낼 하늘의 주인을 기다린다는 객망리(손바래기),
서산리, 숙구지는 완벽하게 정해져 있는
거룩한 대지의 빛이 될 수밖에 없는 신비한 곳입니다.
그곳은 미리 짜여진 우주 불변의 황홀한 틀(Form)입니다.

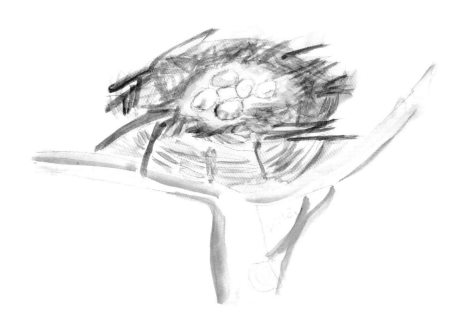

5
거룩한 전쟁 터

아버지, 포근하게 잘 주무셨는지요?
저희의 생사를 아시고
시루산에서 목놓아 슬피 우셨던 아버지….
받들어 모시고 싶은 님(2:125)이시기에
하느님 아버지를 부릅니다.
호연 성도님께서 끓여 드렸던 살구씨 죽을
꼬숩고 맛나다 하시며 드시고
또 먹고 싶다 하시던 아버지(9:73).
저도 태을주 알캥이와 살구씨 알캥이에
찹쌀을 넣고 죽을 끓여 아버지께 올려 드립니다.
맛이 어떠한지요?
고소한 맛입니까?
호연 성도님께서 틈틈이 살구씨를 주우려고

땅바닥을 이리 저리 살펴보는 사이
저 또한 태을주 알캥이로
아버지에 대한 일심의 모닥불을 피워봅니다.

아버지.
달님 곁을 떠나지 못하는 새벽 별 하나에 눈을 맞춥니다.
무수한 별들이 이미 그들네 고을로 돌아간,
빈 허공의 깜깜한 새벽하늘입니다.
샛별과 새벽인사 나누시는 아버지의 자상함이
제 가슴으로 비집고 들어와
솜사탕처럼 녹아 무한한 사랑으로 가슴이 가득 차오릅니다.
고요한 불빛이 내려앉은 도시의 거리와
닫힌 창문들은 수채화처럼 흐느적거립니다.
온 누리가 어두워도 기다림은 분명 여명을 예고합니다.
그러나 아버지, 제 마음은 아직 깊고
잠잠한 물이 되지 못하여 파도가 일렁이고 있습니다.

한동안 『도전』을 생각없이
여느 책처럼 독서하듯 읽었습니다.
그런데 이제는 『도전』의 그 시절과 지금의 이 시대에
절묘하게 일치되는 교차로를 발견하게 됩니다.
『도전』에서 앞으로 인간개벽, 문명개벽, 천지개벽이
어떻게 넘어가는가에 대한 해답을 얻을 수 있게 되었습니다.
어제 저는 갑자기 일어난 작은 사건에
순간적으로 벌컥 짜증을 냈습니다.

짜증이 가슴 깊이 숨어서

그 뿌리가 티눈처럼 영역을 넓히며

자라고 있었다는 것을 발견했습니다.

뒤돌아 생각해 보니,

발끈한 제 행동에 대한

뉘우침과 후회가 회오리처럼 밀려와

눈물로 아버지의 어진 앞에 다가가

그저 서 있을 뿐입니다.

어쩔 수 없는 원과 한.

버럭 화내는 제 성격을 바로 잡아주시고

그 빈 모자람을 자애로 다독여

일꾼으로 보듬어 주시길 기도드립니다.

1년, 100년, 1,000년, 지구가 태양 주위를

360일(윤달로 인해 365일) 동안 돌고,

다시 그 태양계가 360년 동안 한번 회전하는 것을

360번 반복하며 우주의 중심을 돕니다.

그렇게 해서 129,600년 우주의 일 년이 되고,

지금은 그 중 우주의 가을을 맞이하며

열매를 따는 천지개벽의 시간에 가까이 다가왔습니다.

세상 사람들도 이제는 아무리 바빠도

개벽상황으로 들어가고 있는 이 현실 앞에 멈춰 서서

가슴으로 자신과 가족의 행복,

현재가 어떤 시간인지 집중해야 할 때입니다.

팬데믹을 불러온 이런 병들은 왜 생겨나는가?

이 병란은 인류에게 어떤 메시지를 주려고 하는가에 대해
스스로 묻고 해답을 찾기 위해 숙고하는 시간을 가져야 합니다.
또한 건강관리에도 더욱 집중해야 합니다.
이러한 때 우리에게 살 수 있는 길을 알려주는
유일한 길잡이가 바로 『도전』입니다.

독서하듯 읽을 것이 아니라
150년 전 『도전』 속으로
내 자신이 그들과 성도님들과 같이 살아보고
어떻게 천지공사가 태어나게 되었는지 보고
아버지께서 판을 어떤 형태로 짜셨는지 깨달을 수가 있습니다.
오늘 위기 상황을 생각하고 받아들여야 하는지를,
『도전』에 들어가 심장 뛰는 생생한 체험을 해야 합니다.
아버지의 9년 천지공사 안에서 본 오늘의 사건들.
병은 앞으로 더욱 심해질 것입니다.

지금껏 겪어보지 못했던 까다롭고 괴팍한
바이러스들과의 전쟁터 안에 서 있는
우리 자신을 받아들여야겠지요.
그래서 『도전』은 나의 생명의 지팡이입니다.
허접한 팔 다리에 의지가 되어 안심입니다.

아버지, 바다 같은 하늘 아래 가을이 열렸습니다.
속이 꽉 찬 배추처럼 감이 익어
발갛게 햇살에 내려앉아 반짝이는데,

김형렬 성도님과 함께 감나무 아래 앉으시어,

"두 집이 망하고 한 집이 성공하는 공부를 하려는가?"(3:11)

하고 물으셨던 아버지.

태을주 육임 일꾼으로 맺어질 운명의 인연을 상상해 봅니다.

"칠성도수, 태을주로 포교하라.

태을주라야 포덕천하布德天下 광제창생廣濟蒼生 하느니라."(5:360)

하신 아버지의 어깨 위로

달달한 햇살이 애를 끓듯 타고 있습니다.

아버지, 문득 이런 생각을 해봅니다.

매일 태을주 수행을 지속적으로 하면

스스로 자기에 맞는 무극의 옷을 입게 됩니다.

무극의 옷은 두려움과 불신을 녹여주기 때문에

덤벼드는 바이러스 군대와의 전투에서

승리할 수 있도록 해줄 것입니다.

『도전』에서는 태을주를

'만병통치 태을주'라고 해답을 주십니다.

혹시 몹쓸 바이러스에 걸려든 사람이라 할지라도

살아난다는 승리의 깃발을 주신 것입니다.

그것이 바로 태을주의 권능입니다.

병을 다스리는 특약 백신이 태을주이기에,

태을주를 읽을 때마다 불만에 이실거릴 망연자실할 바이러스들을
바라봅니다.

'불사약은 밥이요, 불로초는 채소'라 말씀하시고(9:21)

약을 가까이 하지 않으셨던 아버지.

저도 밤 세끼 골고루 영양소를 섭취하여
제 자신의 건강을 정성껏 돌보는 일은
언제나 지속해야 할 급선무입니다.
이것은 태을주 수행을 위한 기본 조건임을
제 뼈골에 새깁니다.

호연성도님께서 고사리 손으로 사드린
달떡 두 개(9:73)를 성큼 받아 드시지 못하셨던 아버지.
저 또한 배곯던 시절에 자랐기에 아버지의 마음을 다 압니다.
배고파 쓰러져 있는 사람을 보시면
"내 창자라도 꺼내 먹이고 싶구나."(2:126)
하시며 슬퍼하신 아버지.
굶주린 한 아버지와 어린 딸이
물새우를 잡아 서로 입에 넣어주며
먹으라고 하는 모습을 바라보시며
"어서 저렇게 배고픈 사람들을 살려야 할 텐데."(1:69)
하시며 애처로워 하셨던 아버지.
아버지의 참 진리가 마침내 드러나는

개벽의 거룩한 시간대입니다.
저희 자식들은 이제야 아버지의 뜻을 알 수 있을 것 같아
'거룩하다'고 표현하게 됩니다.
아버지, 억울한 일을 당해도
변명조차 못하고 살아가는 소시민들이
개벽을 이겨낼 씨종자가 아니겠습니까.
씨종자를 고르기 위해
천지가 거룩한 전쟁터로 변하고 있습니다.

바람이 웅웅거리며 울며불며
살려달라고 창문을 두드립니다.
하늘이 뚫린 사이로 퍼붓는 빗물이
저희 동네를 삼켜버릴 듯하고
번갯불이 번뜩일 때마다 천하가 환하게 비칩니다.
지루하고 긴 장마에 서민들은 지쳐갑니다.
병란에 아이들은 학교도 못 가고
체육을 방구석에서 홀로 컴퓨터를 보며 배우고 있습니다.
휴식을 해야 하는 밤에도 긴 장마에 시달리고 있습니다.
저희를 어여삐 여겨 주시옵소서.
모든 일에 마음을 바르게 하여(4:32)
병란을 잘 이겨내야 하겠습니다.
차렵이불 덮으시고 안녕히 주무세요, 아버지.

6

일꾼으로 만드는 씨앗수첩

태모 고 수부님이시여.

첫 도운의 씨앗을 심으신 생명의 어머니, 태모님.

만백성의 부모이신 아버지와 어머니, 안녕히 주무셨어요?

일꾼은 죽기 살기를 넘어 천지사업에 종신하며

혼신을 다해 하늘과 땅과 우주의 일을 깨달은 자로

광구천하의 대업을 실현하라는 천명을 받은 사람들입니다.(8:1)

저는 부족하지만 제 나름대로 품고 심은 씨앗을

꽃 피우기 위해 수첩을 만듭니다.

"꽃 중에는 인간 꽃이 제일이라."(8:2)는 말씀을

마음에 심기 위해 꽃삽을 듭니다.

세상은 진리공부 하는 자들로 참 종자를 수확해내는

일꾼의 영적 영토입니다.

하늘과 대지가 비와 바람을 지으려 해도

무한한 공부를 해야 하고,

공부하지 않으면 알 수 없다(2:34)고 하신 말씀에서

내 아버지께서 저에게 공부하는 일꾼으로 거듭

변화하라는 애틋한 마음을 이해하게 됩니다.

한 걸음 한 계단씩,

제 영토를 확장해야 합니다.
그럼에도 아버지의 사랑받는 딸이기에
신안이 열린 현상들과 막힌 내 귀가 뚫려
하늘 태동의 우주 이야기 볼 수 있을 것입니다.
또, 어머니 땅 창조의 낱낱이 얽힌 역사진리를
숙연하게 인지할 것입니다.
그렇게 됨을 허락하시고
제가 그 시간이 오기를 소망합니다.

아버지,
먼저 메모 밭에 씨앗 심는 공부를 합니다.
우리나라 역사의 심연, 강물의 노를 저어
세계관, 우주관으로 접근하고
나아가 저는 『도전』 안으로 스며듭니다.

제 씨앗수첩을 열면 늘 고요하게 울려오는
저만의 메시지를 듣게 됩니다.
남들에겐 허접하게 보일지라도
제겐 감회의 미소를 자아내게 합니다.

짓궂은 일상은 『도전』을 들면 제게 말을 걸어 옵니다.
여러 사건 안에서 저의 역할을 그 곳 『도전』 속에 떼어 놓고
150년 전에 씨앗을 심어두었어요.
가만히 메모 수첩장을 넘겨보면
시공간 사이로 싹트고 이 순간 꽃이 핍니다.

그래서 수첩을 들추면 나만 아는 재미가 쏠쏠합니다.
이 맛을 아버지는 잘 아시겠지요?

싹을 틔워낸 모종들이 던지는 의미는
무엇을 말하고 있을까 하고요.
『도전』속에서 펼쳐지는 말씀들과 오늘과 일치하게 되면
그 순간 조화로움으로 작은 꽃송이 피느라 향기가 분분합니다.
『도전』을 꼭꼭 씹어서 양분으로 유익한 열매로 분해되면
처방약이 됩니다.
『도전』11편, 안질과 종기로 고생하시던
태모 고 수부님 편을 다시 읽어 볼 것입니다.
제가 앓을 눈병과 저의 종기난 다리를 대신 어머니께서
앓아 주셨습니다.

신단에 놓을 초를 살 때는
가능한 한 제 손으로 사야 한다는 생각에
가까운 구매할 날을 메모해 둡니다.
정한 날에는 순례를 가는 기분으로 가서
좋고 튼실한 것으로 삽니다.
가족에게 마켓에 들러 초를 사오라고
제가 요구했던 것은 바람직하지 않는 태도였어요.
촛농이 흘러내리면 수시로 칼로 깎아내어
반듯한 초에 불을 밝히는 것은 아버지께 보여드리는
제마음의 애정과 저의 깔끔한 성격을 표현한 것입니다.
촛농이 줄줄 흘러 내려 지저분한 촛대에

불을 밝혀 기도를 드린다는 것은
정성 부족한 태도라는 생각이 듭니다.

수행과 기도에 필요한 모든 도구들은
제 손으로 닦고 갖출 수 있도록 실천하겠습니다.
이런 작지만 중요한 습관들과
대충해도 되는 일상의 습관들을 분리해서 메모를 합니다.
이런 변화가 한 알의 건강한 일꾼으로서의
씨앗의 완성도를 높이는 예비 태을랑입니다.
백신을 맞고도 꺼림칙합니다.
드디어
인간이 미지의 존재와 수행마스크를 쓰고 맞장을 뜨는 겁니다.

훈련을 반복해야 백신이 몸에 쌓이게 됩니다.
복록수를 마시고, 청수를 모신 뒤
다시 복록수를 채우는 그 짧은 시간 동안
다른 것에 정신을 뺏기지 않아야 합니다.
다른 사물은 보지도 만지지도 않습니다.
밥통을 만지고 스위치를 켜고 핸드폰을 만지고,
통화하다가 청수 모시는 걸 잊어버리기까지 했던
지난날의 행동은 서서히 변화됩니다.

주문기도 후 1시간 수행을 더 하면서 매일 5분씩
일주일 동안 늘려가는 것을 씨앗으로 정했습니다.
5분을 가볍게 여겼던 지난 세월,

제 내면에 또아리를 치고 있는 건방진 모습을
수행으로 바로잡는 중입니다.
일주일에 20분을 더해가는 것인데
시작시간과 마침시간을 적으며 수행시간을 늘려보는 것입니다.
수행시간을 2시간을 넘기는 것은 쉬운 일이 아닙니다.
그러나 이제는 그 시간을 넘기는 것도
수월해졌습니다.
그 경계를 한 알의 씨앗을 수첩에 심고 그리고
만듦으로써 해내게 된 것입니다.

시천주주, 태을주 수행은 도공을 겸하고 있어
조용히 침묵 명상을 하는 것과는 차이가 있습니다.
자신의 한계점을 알아내어 적으면서
새로운 습관을 자신의 뻣뻣한 몸통에 심는 방법을 알아내고 싶어요.

씨앗들은 얼마든지 찾을 수 있습니다.
천연두 바이러스에 대해 찾아보며
씨앗수첩에 조심할 부분들을 적어보기입니다.
손을 더욱 자주 씻는다거나 양치질에 신경을 쓴다거나.
고마움으로 아침 잠자리에서 일어나기와
이웃을 볼 때마다 미소 보내기, 특히 미소짓기의 대상자를 적고
그가 나타나면 연습을 그대로 하면 성공입니다.
쉬운 일은 아니겠지요.

아버지, 저의 부족한 생활습관들을 시천주주와 태을주로 태웁니다.

옳곧은 바른 생활의 기본이 되는 시천주주와 태을주로 연결되어
새 진화의 씨앗으로 영글기 위한 것이지요. 작고 섬세한 부분들이
작은 존재인 바이러스들과 대적할 수 있는 진혼이
시천주주, 태을주 수행으로부터 고이는 것이지요.
큰 산을 옮기기보다 내 지정 면적에서 최소한 할 수 있는
숙제의 열쇠를 용광로 시천주주, 태을주로 달궈 만듭니다.
이런 것들이 모이고 응집되어 일꾼의 씨앗이 됩니다.
제 비밀수첩은 이런 결로의 오솔길이 그려져 있습니다.
새로운 습관들의 오솔길을 만든 데는 적고 읽고 외우는 동안
불에 담금질을 하는 것입니다.

『도전』의 뿌리를 단단히 내릴 수 있도록 하기 위해
그 사건 속에서 현재 나의 길을 찾는 것입니다.

『도전』을 읽을 때
특별히 가슴을 울리는 장면들을 마주하게 되면
그림을 그려놓거나 편과 장을 적습니다.
여러 번 제 뇌리에 걸려드는 편과 장은 분명한 목소리가 있습니다.
껄끄러운 점을 메모하고 생각을 해 보는 것이지요.
제 몫이 그곳 오솔길로 보여집니다.
성장을 가로막는 장애물들이 확연히 보입니다.
그대로 둔다면 뿌리도 내리지 못한 채 백신을 맞았다 해도
변이 바이러스 펜데믹 시간 속으로 녹아버릴지도 모릅니다.

메모습관이 중요합니다.

핸드폰으로 만사를 해결하는 요즘 시대에
펜을 잡고 글자를 쓴다는 것은 의미가 다릅니다.
손톱 끝으로 톡톡 찍는 것보다
손의 지문으로 움직여 이리 저리 사용하는 기법은
뇌의 발달에도 좋은 영향을 준다는 결과는 다 알고 있습니다.
톡 하고 찍는 것보다 직접 쓰게 되면 뇌의 기억 창고에
훨씬 오랫동안 제 자신 역시 각인이 되니까요.

가톨릭의 트라페스트 봉쇄 수녀원의 수도복은
앞치마 작업복 속에 몽당연필과 작은 수첩을 가지고 다니면서
자기의 잘못이나 기쁨들을 적어 두는 메모장이 있습니다.
웬만한 수도복 속에도 넉넉한 주머니가 있어서 적는 도구를
지참하는 수도자들이 많습니다.
아버지께서도 외출 시에
늘 붓과 먹을 소매에 넣고 다니면서
침으로 붓끝을 다듬어 글을 쓰시고
공사보시는 모습이 『도전』에 그려져 있습니다.
그 순간은 참으로 놓치고 싶지 않는 교육적인 장면입니다.
저의 처지고 구부러진 부분은 펴지고
바른 모습으로 변화를 일으킬 것입니다.
그래서 병란 팬데믹은 숙연하게 하는 부분이 많습니다.
병란으로 저는 오히려 더욱 단단한 일꾼이 될 것이기에
병란을 직시하는 눈의 시야도, 시력도 역시 더욱 밝아졌습니다.

『도전』을 읽는 동안 마음에 와 닿는 부분을 읽게 되면

나와 어떤 연관성이 있을까 곰곰이 생각해보게 됩니다.

나와 연결된 점은 무엇인지,

지금 이 순간 내 존재의 모습과 해야 할 일을

수첩에서 찾아봅니다.

현실과 맞지 않는 행동들을 잘라내고,

암 같은 부분들을 수행으로 지지는 수술이야말로

새로운 세포로 활발하게 분열할 것입니다.

이렇게 반복하다 보면

메모수첩 밭에서 건강한 새싹으로 자라

밭이나 정원인 활동분야로 옮겨질 것입니다.

『도전』을 꾸준히 읽지 않고,

읽고 싶을 때만 뒤적인다면 심각하겠지요.

삼시 세 끼니는 꼬박 챙기면서

『도전』을 읽고 싶을 때만 읽는 습관은

바꿔져야 한다는 것입니다.

이때 씨앗을 만드는 메모 수첩이 필수입니다.

태모님께서는 세 살림 도수를 맡아 포정소 문을 여시고

도운의 첫 번째 씨를 뿌리셨습니다.(11:1)

아버지께서 어천하시고 안 계신 그 상황에서

태모님께서 포정소를 여셨기 때문에

당시 성도님들에게 무한의 힘이 되었고

거기서 도운은 다시 시작되었습니다.

태모님의 포정소 문을 제 가슴 안에 날마다 열고 있습니다.

그리고 씨앗도 심어봅니다.
씨앗을 마음속에 품음으로써 팬데믹의 문턱을 넘습니다.

한 알의 씨앗이 심어져 새싹이 나오기까지 앞으로 열릴
새로운 세상에 밝혀질 빛을 기대하고 계실 아버지시여.
뿌리에서 많은 생명의 열매들이 열릴 것이기에
튼실한 뿌리의 수기를 태을주로 이어질 거라는 기대를 합니다.

태모님.
오른발 용천혈에 독종이 나서
다리가 심하게 부어 쑤시고 몹시 아프셨던 태모 고 수부님.
태모님께서 바르고 드실 한 첩의 약도 없으셨던 수부님.
수십 일을 앓으시었습니다.
저녁에 어천하신 아버지께서 찾아 오셔서
태모님의 다리 종기를 혀로 핥아 주신(11:12) 아버지시여.
상처를 깨끗이 낫게 하신 그 모습은
저에게 깊은 감동과 충격입니다.
어천하신 후에도 아버지께선 질병에 아파하는 가족과 이웃의
곁을 떠나지 못 하는 애틋한 아버지 마음이 지금도 전하여집니다.

저는 태모님께 치마를 선물해드리고 싶습니다.
태모님의 치마에서 벗어나면 다 죽으리라(6:96, 11:7) 하신
이 중한 말씀을 품고 박하꽃이 핀 치마를 만들기 위해
박하꽃 꽃씨를 심습니다.
천하창생의 어머님으로서

상제님 대도의 생명의 길을 가실 때 갈아입으소서.

지구 상층에서 내려다 보이는 푸른 지구는
그 자체로 자전 공전하며 아름답게 빛이 납니다.
둥근 별이 스스로 살아 있습니다.
4계절을 품고서 그 지면에 무한히 변하는
색채를 띄우고 있는 살아 있는 별이지요.

인간도 바이러스도 육안으로는 보이지 않습니다.
그런데 바이러스들이 인간세계를 침공한 데에는
어떤 의미가 있을까요? 왜 왔을까요?
만약 우리 인체 내부를 더욱 확장을 하여
80~100nm인 소립자 바이러스를 볼 수 있는
수행의 비밀작업을 해야 합니다.
감동과 평화, 기쁨, 즐거움, 감사와 행복은
바이러스들을 혼란하게 하는 파장일 수가 있습니다.
그런 좋은 파장으로 해서 바이러스들을 해체시키는 작업이
필요합니다.
제가 하는 태모님의 치마폭에 수놓기 같은 미미한 일도
뇌파에서 기쁨이 가득 차는 기운이 흐릅니다.
이미 제 습관으로 변화된
기쁨, 감사, 조건 없는 사랑 등등의
나노미터보다 더 섬세한 알파파로
보호막을 만들어 바이러스들과 대결할 것입니다.
짜증을 부리면 사라졌던 바이러스들이 절로

일어나는 영양제일 것입니다.

"봄에 씨를 뿌리지 않으면
가을에 결실할 것이 없느니라."(8:34) 하신 아버지.
봄날, 우리는 튼튼한 조상님들의
알캥이로 대지에 뿌려졌습니다.
싱그러운 여름날 왕성하게 성장하다가
가을의 찬 서리를 맞으며
튼튼하고 달달한 열매를 맺을 것입니다.
아버지의 손에 푸짐한 수확을 안기며 영글어가는
열매가 될 수 있도록 희망을 버리지 않을 것입니다.

아버지께서 종종 계피나무를 캐 오셔서
마당에 불을 지펴 날벌레, 파리, 모기, 깔다구 등이
근접 못하게(5:77) 하셨던 이야기가
제 뇌리에 영화처럼 흐릅니다.
천하 만백성의 생명의 어머니이신 수부님.
아버지께서는 성도들에게
"네 매씨를 잘 공양하라.
눈물을 흘리면 천하 사람이 다 눈물을 흘릴 것이요,
기뻐하면 천하 사람이 다 기뻐하리라.
수부 대우를 잘 하면 수명도 연장될 수 있느니라."(6:68)
라고 말씀하셨습니다.
어머니께서 기뻐하실 일을 곰곰이 생각해보며,
특히나 요즘 같은 병란시기에

어머니를 잘 모시면 수명이 연장된다고 하니
기쁘지 않을 수 없습니다.
"남모르는 공부를 하고 기다리라."(6:72) 하신 아버지.
제 비밀 작업 노트가 요긴하게 사용되도록 도와주십시오.

7

『도전』은 새 문명의 비밀정원

열심히 일하시는 부지런하신 아버지께.
간밤에 잘 주무셨어요?
깊은 잠에 들 때도, 아버지께서
저와 한몸 안에서 활동하고 계심을 느낍니다.

인간의 몸을 입고 오시어
하늘과 땅을 공사보셨던 아버지.
또한 저를 통해서도
천지일을 계속 하고 계시는 내 아버지시여.
어찌 아버지의 힘을 빌리지 않고 미소를 지을 수 있으며
어찌 자연의 섭리를 벗어버리고 호흡할 수 있겠습니까.

식탁 위에 놓인 수저를 보면 자연스럽게 들어
음식을 입으로 넣고 먹는 행동이
어찌 제 의지만 가지고 되겠습니까.

저는 몸 안의 어떤 세포에게도
'누구 나와라'고 말한 적이 없습니다.
이름도 모르는 무수한 세포들이

제 의견을 기다리지 않고서도
각자의 역할을 하며 잘 살아가고 있습니다.
이것이 저의 능력입니까?
위대하신 힘이 저의 작은 몸 안에서
각자 맡은 바 순리대로 작동하는 것만으로도
아버지의 존재와 사랑이 가득함을 느낍니다.
사람들은 이 모든 섭리들이
당연히 저절로 이루어지는 것인 줄 압니다.
물론 자율신경계에 의해 절로 이루어지는 것이지만
여기에는 신의 힘이 함께 작용합니다.
신이 일하시던 그 자리에서 떠나버리면
그 부분은 세포와의 연결고리가 끊어지고
어둠이 서리면서 기능이 멈춰버립니다.

집이나 학교에서나 사회에서나
우리가 이 같은 조화의 세계 속에서
걷고 숨 쉬고 밥 먹고 살아가는 것이라고
가르치는 곳은 드뭅니다.

우리의 하루는 우주의 일 년을 응축시킨 것이며
사람은 우주를 압축시킨 소우주라고 들었습니다.
물 한 방울에도 신이 가득하여
그 한 방울 안에서도 우주를 느낄 수 있다고 하는데
그러한 진리의 가르침을
교과서에서는 읽을 수가 없습니다.

우주의 일 년과 사계절을 어디서도 배운 적이 없습니다.
여기 아버지의 『도전』은 자연현상 너머의
우주와 자연과 인간의 이치를 가르쳐 줍니다.
『도전』은 하느님이신 아버지께서 인간으로 오셔서
우주 순환 원리를 통해 지구의 개벽시간을 알리고
천지를 뜯어고쳐 인류가 미래로 넘어갈 수 있도록
공사보신 과정을 생생하게 자세히 보여주고 있습니다.
『도전』은 배고픈 조선 말기를 몸소 살아내셨던,
눈물없이 읽을 수 없는 우리 조상님들의 이야기입니다.
아버지를 따라 다닌
가난한 성도님들이 살아간 비밀정원입니다.
우리 인간 세상사와 여러 동물들, 풀꽃, 돌멩이, 바위,
담벼락의 흙에 이르기까지
모든 사물과 사건들을 망라하여
하늘과 땅과 인간이 함께
조화로운 세계를 이루어갈 수 있도록
공사를 행하신 내용이 살아 숨쉬고 있습니다.
사람이 마음먹는 데에 따라
그에 상응하는 신명이 붙어서
더불어 살아가는 세계임을 알려주십니다.

이러한 『도전』은
120년 전에 직접 눈으로 보고 겪은 분들의 증언과
그 후손들의 증언을 바탕으로 기록한
당시 우리 조상님들의 역사책입니다.

눈에 보이진 않지만 수많은 신장님들이
인간을 위해 준비하고 있고
산속의 이름 모를 나물들조차도
사람의 병을 고쳐주기 위해 남모르게 피었다 집니다.
이른 봄날 가장 흔하게 피고 지는 질경이나 민들레꽃이
약이 되도록 한 것 또한 신의 손길이십니다.

아버지.
이 우주도 인간의 성숙을 위해 움직이는 것이며,
창공의 무수한 행성들, 북두칠성과 북극성을 비롯하여
모든 신들의 잔치가 태을천에서 열릴 것이라고
『도전』은 이러한 모든 일들을 알려주고 있습니다.
그리고 아버지께서는 우주의 율려이며 여의주인
태을주를 전수해주셨습니다.
태을주는 개벽기에 살아남을 수 있도록 해주는
생명의 주문이며, 창생을 살리는 주문이며,
우리의 보호막입니다.

『도전』은 이 세상이 완전히 뒤바뀌는
개벽이 온다고 벼락치듯 전하고 있습니다.
지금 우리가 살고 있는 세상을 선천이라 하는데,
선천은 상극의 세상이라
원과 한이 천지를 가득 메우고 있어
끊임없이 전쟁과 복수를 일으켜
인간세상이 멸망당할 지경이라고 합니다.

"상극의 원한이 폭발하면 우주가 무너져 내리느니라."(2:17)
그리하여 인류를 불쌍히 여기신 하늘의 신들이
인류를 구원하기 위해 여러 궁리 끝에
우주의 주재자이신 아버지께 호소하기에 이르렀습니다.
신들의 애끓는 부탁에 아버지께서는
자식의 불행을 차마 못 본채 접으실 수 없었습니다.

전쟁과 병과 자연재해 등 지구의 총체적인 이 난국은
인간의 힘으로는 도저히 막을 수 없어
폭발지경에 이르렀습니다.
그래서 아버지께서는
대우주를 무너뜨릴 만한 거대한 화를
작은 화로써 막아 주시려고 인간의 몸을 취하여
몸소 우리 땅에 내려오신 것입니다.
그리고 저희들이 이 개벽목을 잘 넘기고
더 살기 좋은 후천문명으로 건너갈 수 있도록
하늘과 땅을 뜯어고쳐 세상이 나아갈
운로를 짜는 천지공사를 행하셨습니다.
선천에서 후천으로 건너가는 일을
이사에 비유해보자면,
새집으로 이사를 가게 되면
낡고 쓸 데 없는 물건들을 모두 버리거나 정리하고
새 집에서는 새로운 물건, 새로운 기운으로
다시 시작하는 것과 같습니다.

또한 아버지께서는

아무 때나 내려오시는 것이 아니라

우주의 섭리와 이치, 시간표에 따라

지금이 우주의 가을철을 맞아

인간을 추수하고 무극대운이 열리는 그 시기이기에

이때에 오실 수밖에 없었습니다.

그렇게 오신 아버지께서는

신명들과 조화를 이루는

성숙하고 새로운 문화, 무극대도를 열어주셨습니다.

원과 한, 전쟁으로 점철된 인류 역사를

독한 괴질병으로 마지막 심판을 하고

동시에 인간을 구원하기 위해 오신

우주의 주인, 우주의 통치자,

주재자이심을 깨달아가고 있습니다.

선천세상을 마무리 짓고

신들과 더불어 조화세계로 넘어가기 위해서는

나태한 몸과 마음을 갈고 닦아

보다 성숙해질 수 있도록

수행을 생활 속에서 늘 실천해야 합니다.

꾸준한 기도로 우리 몸의 오장육부가

새로운 세상에 적응할 수 있도록 진동수를 높여야 할 것입니다.

제가 아기였을 때는

입으로 빠는 장난감을 가지고 놀았고

어린이였을 땐 인형을 가지고 놀았는데

성인이 되어서도 아이 때의 장난감만을 고집한다면
저의 의식은 아이에 머물러 있겠지요.
어른이 된 지금은 보다 성숙한 모습과
생활습관을 가지려고 노력합니다.
또한 눈에 보이는 현실세계와 함께
눈에 보이지 않는 그 너머의 존재에 대해서도
심오한 의문을 가져보고
공부를 해야 한다는 생각을 떨칠 수가 없습니다.
바람은 보이진 않지만,
나뭇잎의 한들거림을 보면서
바람이 존재함을 확신하게 됩니다.
공기도 보이지 않지만
인간과 동물들은 숨을 쉬며 살아갑니다.
볼 수 없지만 존재하는 세계를
인정하는 공부가 제게 필요합니다.
돌아가신 부모님이 지금 안 계신다고 해서
아예 존재하지 않았던 것처럼 부정할 수는 없습니다.
눈에 안 보인다고 해서 부정하거나
믿지 않는 것은 양심을 거역하는 일입니다.

지금이 아침이라 해서 나중에 밤이 오지 않는다고
누가 부정할 수 있겠습니까.
낮이 지나면 밤이 오는 것이
자연의 섭리이며 당연한 이치입니다.
현재의 시각으로 개벽이 오지 않는다고 부정하는 것은

이런 이치를 무시하는 것입니다.
우주의 가을로 들어가는 때에는
서릿발이 내리치는 개벽이 옵니다.
『도전』에는 이 서리에서 살 수 있는 방법이 적혀 있습니다.
『도전』은 제 몸과 마음의 성숙에 필요한
'광채' 같은 길잡이이며 생명의 지팡이입니다.

조화선경 세계의 주인이신 아버지.
일심으로 일하는 일꾼으로서, 새로운 문화의 기수로서
『도전』이라는 배에 승선하여 용봉기를 높이 올립니다.
미래에 열리는 세상은 웃음으로 산다 하신
아버지의 말씀을 위로 삼으며 심장에 새깁니다.
아버지로부터 모든 것이 새롭게 변화하고 있음을 느낍니다.
일상의 반복되는 일과를 불평 없이 조용히 해나가는
격조있는 일꾼이 되고 싶습니다.
아버지, 많은 사람들이 『도전』을 읽을 수 있도록
성령의 은광으로 이끌어 주시옵소서.

8

신의 갑옷을 입고

아버지, 안녕히 주무셨는지요?
간밤엔 제가 갑옷을 입는 신묘한 꿈을 꾸었어요.
갑옷을 살펴보니 화살촉을 막는
켜켜이 마다 생선비늘 같은 깃털이 달려 있었습니다.
비슷한 내용이 『도전』에도 나오고
저 개인으로도 체험을 하게 된 것입니다.

아버지를 사랑하고,
아버지의 뜻을 따르겠다고 하면서도
웃지 못할 일이 있었습니다.
며칠 전 꽁치를 구워 식사를 하는데,
저에게 섭섭하게 대해 준 가까운 이를 원망하면서
'어떻게 나에게 이럴 수가 있을까' 하는
마음을 품으며 밥을 먹었습니다.
식사를 마쳤을 때 생선 가시가 목에 걸려
침을 삼킬 때마다 따끔거렸어요.
즉각 깨달았습니다.
고마운 음식을 눈앞에 두고 감사할 줄 모르고
원망만 하면서 식사를 했다는 것을요.

가시가 빠질 때까지 며칠 동안 반성을 했습니다.
타인을 원망하지 않겠다는 결심을 하게 해준
의미 있는 생선가시였습니다.
꽁치는 한 인간에게 가치있는 몸을 제공했어요.
의미 있는 일생의 삶이었습니다.
저는 생선보다 차원이 훨씬 다른 인간인데도 그보다 쓸모없다고
느껴졌어요.

『도전』에, 아버지께서 구릿골에 계실 때
한 성도가 꿩 한 마리를 가져와 요리를 해서
다른 성도들은 맛나게 드셨지만
아버지께선 입에 대지 않으셨어요.
연유를 여쭈니,
그 꿩에 살기가 박혀 있기 때문이라고 말씀하셨습니다.(3:245)
또 한 성도가 식혜를 가져와 올려드렸을 때도,
아내 몰래 가져온 걸 아시고 드시지 않으셨습니다.
선물이나 음식을 줄 때 기쁘고 감사하는 마음을 담아야
받는 이에게도 좋은 에너지가 가고,
정성으로 주고받아야 서로가 탈이 없다는 것을
새삼 알게 되었습니다.

『도전』에는 저희가 무심코 살아가는
일상의 일들이 많이 나옵니다.(2:10)
아버지께서 대원사 절에 머무르실 때,
주지 금곡이

'감나무가 많으나 감이 하나도 안 열린다' 하며 여쭈니,
'진묵이 원한을 품은 연고라'고 말씀해 주셨습니다.
대원사에서 내려와 공밥을 얻어먹었던
젊은 진묵스님을 싫어한 스님들이 그를 괄시했던 탓에
그 후 300년 동안 식한食恨이 붙은 대원사의 감나무에는
감이 열리지 않았다는 것입니다.
나무와 인간과 대지가 하나라는 것을 깨닫게 해주는 내용입니다.
그 후 대원사의 모든 감나무에 감이 열리도록
진묵대사의 식한을 풀어주셨지요.
아버지의 인간에 대한 연민의 마음을
느낄 수 있는 이야기입니다.

나무가 말은 못 하지만
사람의 마음을 느끼고 안다는 것을 깨달았습니다.
'밤말은 쥐가 듣고 낮말은 새가 듣는다'는 속담을 잊지 말고,
한이나 원망이나 한숨도 고요한 나무나 돌이 듣고
바람이 전한다는 사실에 숙연해집니다.
보이진 않지만 아버지의 말씀이 제 살 속으로 스며듭니다.

근래는 전염병이 돌기만 하면
산 동물들을 땅속에 무더기로 파묻어 버려지고
짐승들의 한 또한 산과 들판에 가득 차게 되었습니다.
땅속에서 동물들이 썩으면 당연히 물도 썩게 되고
대지는 더욱 병에 시달리게 됩니다.
사람도 오랜 역사를 통해 쌓이고 쌓인

깊은 원과 피의 전쟁, 그 한의 수렁에 빠지게 되었습니다.
때문에 이 하늘과 땅이 더는 두고 볼 수가 없는
지경에 이르게 되었습니다.

지금 정성을 다해 수행을 해야 하는 것은
혼탁해진 병든 시야가 밝아집니다.
또한 심장을 안정시키며 정신을 가다듬을 때
마음의 눈에 불이 켜집니다.

시천주주, 태을주에 관심을 가지고
그 내용과 의미에 대하여 생각해보고,
곁에서 지켜만 볼 것이 아니라, 한 번 두 번 마음으로
시천주주, 태을주와 연이 닿도록 하는 의지가 중요합니다.

시천주주, 태을주의 심장부에 계시는
아버지, 상제님, 천주님, 하느님을
오직 순결한 마음으로 모시고
한 알 한 알 정성껏 수행기도를 드리며
제 잡념의 부유물들을 쓸어냅니다.

천지개벽은 오직 처음 짓는 일이라 하시며
"옛일을 이음도 아니요
세운에 매여 있는 일도 아니요
오직 내가 처음 짓는 일이니라.
쓰러져 가는 집에 그대로 살려면

무너질 염려가 있음과 같이
남이 지은 것과 낡은 것을 그대로 쓰려면
불안과 위구危懼가 따라드나니
그러므로 새 배포를 꾸미는 것이 옳으니라."(2:42) 하셨지요.

날마다 매 순간 뜯어고치고
새로 만들어야 할 새 하늘과 새 땅(5:3)을,
제 마음에서도 내 아버지를 바라보며 새롭게 시작합니다.

새로운 역사의 가을개벽 문화를,
아버지의 문화를,
천지의 문화를 여는
이 순간 작은 내 일상 안에 시천주주, 태을주 노래로 시작합니다.

여전히 저희는 바이러스들로부터 위협받고 있으며,
독한 질병들이 내 생명을 노리고 있습니다.

인류 역사상 가장 많은 목숨을 앗아간 천연두는
20세기에만 5억 명을 데려간 무서운 전염병입니다.
이를 막아내기 위해 단순히
시천주주, 태을주를 읽기만 해서는 안 될 것입니다.
우리 몸이, 정성껏 쌓이고 쌓인 면역의 힘을 얻지 못하면
외부 질병의 침투를 막아내지 못할 것입니다.

저희와 같은 감성을 지니신 인간이셨던 아버지.

"낡은 삶을 버리고 새 삶을 도모하라.
묵은 습성 하나라도 남으면 그 몸이 따라서 망하느니라."(2:41)
하셨으니
우주의 가을 초입에 서 있는 저는
정성으로 무장된 갑옷을 입습니다.
마치 병원에서 병균의 침입을 막기 위해
특수 옷차림으로 무장하는 것과 똑같다는 생각이 듭니다.
"지난 고생을 큰 복으로 알라."(11:317) 하신 태모님의 말씀은
저에게 이르는 말씀입니다.

또 입으로 주문만 읽는다고
병란을 이겨낼 수 있는 것이 아닌지라
정성과 일심을 보듬어 안고 주문을 노래해야겠습니다.

나무는 중심이 한쪽으로 기울게 되면
스스로 반대편으로 다른 가지들을 뻗어 균형을 맞춥니다.
그래서 강한 바람이 불어도 스스로를 지탱하며
바닥으로 잘 쓰러지지 않습니다.
목재로 사용하기 위해 나무를 잘랐을 때
그 내부에 옹이가 많이 박혀 있으면 질이 떨어진다고 합니다.

바람이 많이 부는 지방의 나무들은 뿌리도 깊고
대부분 가지가 많이 달린 나무들이라고 합니다.
그 가지를 잘라보면 티눈 같은 모양의 옹이가 많습니다.
바닥으로 쓰러지는 것을 막기 위해

스스로 가지를 내어 몸을 지탱하는 나무처럼
사람이 살아가는 데도 고통이 없으면
더 잘살 것 같지만 반드시 그렇지는 않습니다.
고통과 시련이 자신을 더욱 튼튼하게
바로 설 수 있도록 해주는 자양분이 될 수 있습니다.
왜 지구촌 인간들이 이런 위험한 질병에 직면해야 하는지
현 지구의 환경과 우리 자신을
냉철히 돌아보며 집중해야 할 때입니다.

시천주주, 태을주가 우주의 무궁한 천지조화 도통 주문임을
감사히 생각하는 순간부터 천신의 갑옷을 입는 순간이 됩니다.
그 고마움으로 이웃의 생명들을 살리는 데
노고를 아끼지 않아야 할 것입니다.
잠도 조금 더 줄이고 마음을 단단히 먹고
석 달간 일심으로 주문을 읽어 보려 합니다.
그래야 무극대도를 받아
천지로부터 인증받는 공부(5:358),
의통공부와 신명공부(6:62)를 통해
천연두 마마와 당당히 맞설 수 있을 것 같습니다.

우주의 틀, 시간표 속에서 오는 병란을 이해하고
하늘과 땅과 사람과 신명이 다함께
상생의 새 질서로 살아가야 함을 알게 됩니다.

내 아버지시여.

"천지간에 가득 찬 것이 신神이니
풀잎 하나라도 신이 떠나면 마르고
흙 바른 벽이라도 신이 떠나면 무너지고,
손톱 밑에 가시 하나 드는 것도 신이 들어서 되느니라.
신이 없는 곳이 없고,
신이 하지 않는 일이 없느니라."(4:62) 하셨습니다.

나의 꿈은 무엇인가,
나는 꿈을 이루기 위해 작은 꿈들을
매순간 실현시키고 있는가 묻습니다.
꿈이 없다면 이룰 수 없고
신명이 들어야 제 꿈도 이뤄진다는 것을 깨닫습니다.
제 조상들이 알아야 하고 조상들이 신명들에게 알리고
그리고 신명들이 우주의 주재자이신
내 아버지께서 이 같은 제 꿈의 이야기를
구체적으로 들으셔서 알아야
제 꿈은 현실로 실현 된다는 공식이 있다는 것을 깨닫습니다.

밥솥에 전기를 꽂아 밥을 짓는 데에도
밥솥을 만든 이의 수고에 감사하고 또한
밥솥을 통솔하고 있는 신명들에게 고마움을 전하지 않고
무심하다면 밥 짓는 일도 되지 않습니다.
쌀 알갱이가 밥이 되는 것도 과학적인 힘과 함께
신의 조화가 어우러져야 현실 결과가 나오는 것입니다.
우주의 이법과 신도의 세계가 일치되고

잘 화합이 되어 세상에 현상으로 이뤄진다는 것입니다.

아버지.
제가 천신의 금란 장군과
백마원수 대장군님의 갑옷으로 갈아입는다 해도
저만 살아있다면 쓸쓸하고 아무 소용이 없을 것입니다.
저의 부모님과 형제들을 비롯하여 많은 생명들을 살리고,
저의 조상님들과 함께 새 세상을 맞는 기쁨을 누리고 싶습니다.
칠성별 큰 회색의 빛의 산 앞에서
그 날 나의 꿈이 이루어질 것입니다.

아버지의 일은 남 죽을 때에 살자는 일이요,
남 사는 때에는 영화와 복록을 누리자는 일입니다.(8:117)
아무리 무서운 병란이 닥쳐도
아버지 말씀을 그대로 따르며 살아내야겠습니다.
아버지, 저희 가는 길을 밝혀 주시고 살펴주옵소서.

9

일심이라는 결의

아버지,
모기들이 극성인데 잘 주무셨는지요?
저는 손목을 물려 가려워 긁고 있습니다.

참된 말은 하늘도 부수지 못 한다(2:60) 하신 아버지.
그리고 태모님, 사랑합니다.
처음으로 도장문을 열어주신 태모 고 수부님, 더없이 사랑합니다.
오늘은 태모님께 사무치는 마음을 드리며 아침을 엽니다.
틈만 나면 태모님께 '수고하셨어요, 어머님.
사랑합니다'라고 속삭여 드리고 싶습니다.
하루에도 몇 번이나 '존경합니다, 사랑합니다'를 하는지
수를 헤아릴 수 없습니다.
태모님에 대한 존경과 한이 없는 사랑을
가득 담아 바구니째로 드리고 싶습니다.

상제님께서 정읍 대흥리 차경석 성도님 집에 포정소를 여시면서
"일심을 가진 자가 아니면 이 배를 타지 못하리라."(6:83)
라는 말씀을 내려주셨습니다.
저는 이 배에 대해 종일 생각했어요.

찬란하게 부서지는 햇살을 바라보며,

또 베란다로 놀러 나온

두 마리의 참새 형제를 조용히 내려다보며,

현관 옆 공터에 절로 피어나는 조그만 흰 풀꽃을 내려다보며,

'이 거룩한 배는 무엇을 의미하는 것일까? 그대들은 아시는가?'

하고 물어보기도 했습니다.

이 거대하고 거룩한 배는 무엇일까요?

아버지.

하늘은 나지막이 어둡고

비를 먹은 구름들이 장마가 점점 가까워 옴을 알립니다.

저 멀리 우이동 산마루 틈 사이마다 끼어 있는 무겁고 화난 구름은

암탉이 병아리를 품고 있는 모양새입니다.

백운산 바위 자락을 핥고 있는

변덕스러운 으르렁 바람도

도시를 내려다보며 잠시 여유를 보입니다.

장대비가 마구 쏟아지는데
불칼같은 시퍼런 번갯불을 오른손으로 탁 잡으시며
"어떤 놈이냐?" 호령을 하신(10:57) 아버지.
바람과 비를 한데 뭉쳐 비바람을 뿌리는 데에도
신명님들의 무한한 공덕이 있어야 함을
『도전』에서 읽었습니다.
대지에 비를 내리기 위해 신령님들과 신장님들의 공덕과
신묘한 자연의 섭리와 과학적 요소들이 함께 해야 하기에,
비는 그 합작으로 빚어진 오케스트라입니다.

아버지.
비와 번개와 천둥벽력을 만드신 아버지.
신명들을 자유자재로 부리시는 아버지.
24절기의 동지부터 대설에 이르기까지
달님과 더불어 계절의 울타리를 못 박으셨고,
새끼 꼬아 매듭짓듯이 정확한 셈으로
사계 안에 마디마디의 작은 계절을 만들어 끼워 놓고,
대지의 경계선을 금 그어 두셨습니다.
동서남북에서 불어오는 바람의 신명님들은
서로 극에서 극, 양극에서 대립하며
당기고 풀어서 음양으로 합창합니다.

더이상 이 지구의 몸살을 참아낼 수 없어
여러 괴질이 모여 붙어 팬데믹으로 몸부림을 칩니다.
0.1마이크론(80~160nm나노미터)의 바이러스로 탈을 쓴

병겁 신장들을 태을주의 불기둥으로 막아낼 것입니다.
천연두 마마손님이 열꽃 펄떡이며 숭숭 살아 움직일 때면
태을주 우산으로 메리포핀스 할머니처럼 변신하여
천연두와 병겁을 막아낼 것입니다.
병겁의 대신장님들이여, 저를 치지 마시고
신 돌려 신을 시간을(7:36) 주시어
많은 생명들을 살릴 수 있도록 하옵소서.
태을주를 먹고 꼭꼭 씹어 영양분을 품고 있는
태을랑들을 그냥 스쳐 가시옵소서.

아버지께서는,
병겁이 돌 때 골치 아프다, 배가 아프다 하면서 쓰러지고,
여기서 죽고 저기서 죽고, 살려 달라 애걸하며 울부짖고,
한 사람만 살아도 그 집에 운이 터졌다 한다고 하셨습니다.(7:36)
"누운 자는 일어날 겨를이 없고
밥 먹던 자는 국 떠먹을 틈도 없으리라."(7:37) 하신
『도전』 말씀을 곰곰이 생각하면,
병이 돌 때는 1초의 여유도 없는 상황일 것입니다.
"병겁이 휩쓸면 자리를 말아 치우는
줄초상을 치른다."(7:38)고도 하셨습니다.
그러나 '일심으로 나를 따르는 자는 살아나리라' 하셨습니다.

아버지.
우주 가을개벽의 다리를 건너면,
기어이 새벽이 열리고 동트는 여명의 시간이 올 것입니다.

꼭 후천의 새로운 조화문화가 열릴 것을 믿고 소망합니다.
"큰 난리를 일으켜 선천의 악폐惡弊와
상극의 기세를 속히 거두어서 선경세계를 건설하리니
장차 동서양을 비빔밥 비비듯 하리라."(2:58),
"구름도 가고 바람도 그치는 때가 돌아오면
사람 보는 것이 즐겁고 누구나 기룹고
사랑스러운 세상이 되리라.
이 세상일이 내 걸음걸이 하나하나에 따라
모두 그렇게 되리라."(2:59) 하신 아버지.
앞으로 예전의 어두웠던 원과 한의 세상은 모두 접고
대광명의 새 세상이 온다고 하셨습니다.
이런 복된 새날이 오기 전에 가을개벽은 반드시 올 것이고
병겁은 갈수록 깊어지기에
이 시간대를 기필코 거쳐내야 한다는 것을
더욱더 깊이 깨닫게 됩니다.
태을주 안에서 몸과 마음을 정갈히 하고
개벽의 다리를 건너가야겠습니다.

아버지께서 어천하실 때,
당시 성도들과의 이별을 앞두고
"말없이 이별할 때의 정은
으스름 달빛처럼 애련하다."(10:84) 하셨습니다.
아버지 떠나신 후 일손을 접고 슬피 울부짖던
차경석 성도에게 현현하시어
"내가 죽지 아니 하였노라."(10:86)

하고 위로해 주셨던 목소리가 저에게도 울립니다.

"너희들이 믿음을 주어야 나의 믿음을 받으리라."(8:39)

"나의 일은 귀신도 모르나니 오직 나 혼자 아는 일이니라."(5:3)

"농가에서 곡식 종자를 가려두는 것은

오직 토지를 믿는 연고니 이것이 곧 믿음의 길이니라."(8:34)

하신 아버지.

제 토지의 씨앗에 태을주로 물을 주며 종자를 튼튼하게 합니다.

우주의 봄에 인간의 종자씨를 뿌리신 아버지.

추수하는 우주의 가을개벽기에

서리를 맞아도 꿋꿋하게 가지에 붙어

영양이 가득한 알찬 열매로 영글도록 하겠습니다.

생명의 거룩한 배의 선장이 아버지이심을 깨달은 이상

저는 기어이 승선할 것입니다.

아버지, 편안하게 주무시옵소서.

10

생각이 깊어야

아버지, 안녕히 주무셨는지요?
우리의 육안으로는 볼 수 없는
미세한 바이러스들도 현미경으로 확대하면
그 존재를 확인할 수 있습니다.
닦으면 닦을수록 더 잘 보이는 거울처럼
기도나 수행을 계속하면 마음이 깨끗해짐을 느끼고,
신의 세계도 느낄 수 있을 것입니다.
깨끗한 마음으로 온전히 아버지 생각에 잠겨 봅니다.

지금 지구 마을에 손을 뻗치고 있는 병란의 원인,
지구와 우주의 시간표에 따라 대뜸 일어난
이 병고에 대해 생각해봅니다.

지금은 보이지 않는 것과의 전쟁입니다.
이 전쟁에서는 인간이 만든 무기나 전투기,
항공모함 같은 것들은 소용이 없습니다.
보이지 않는 것에 대항하기 위해 우리는
우리의 마음을 거울 닦듯 매 순간 일심으로
시천주주와 태을주로 닦아내며 무장해야 합니다.

이것이 우리의 무기입니다.

그리고 생명선인 남조선배에 승선해야 합니다.

아버지께서는 일심가진 자가 아니면

이 배를 타지 못한다(6:83)고 하셨습니다.

앞으로 고약한 병이 잇따라 번진다고 하셨기에

다가올 질병과의 대전쟁을 생각하면

이웃의 생명을 한 사람이라도 더 살려내어

시천주주, 태을주 보물선으로 탑승해야겠지요.

동북 간방 조선은 만물의 시작과 끝남이 이뤄지는 곳이기에,

인류의 역사가 우리 민족에게서 시작되었고

인류의 꿈과 희망, 열매를 맺는 복음이

이루어지는 곳도 이곳 한반도입니다.

그래서 상제님께서도 이 대한민국 땅에 오셨습니다.(1:6)

머리카락 한 올, 발톱 한 조각만 있어도

그 사람의 DNA를 알 수 있듯이,

한 방울의 물로 전체 바다의 물을 알 수 있습니다.

우주의 작은 지구의 자연 이치를 살펴보면

대우주의 이치도 알 수 있습니다.

음력 5월 1일, 하지를 기점으로 49일 수행 기도를 떠납니다.

하루 이틀 수행을 하면서

평소 미처 깨닫지 못했던 습관들을 알게 되었고,

꾸준히 수행을 해나가면서 그것들을 조금씩 변화됨을 느낍니다.

저에게 겸손함의 효소가 발효되어
정신이 밝고 맑게 숙성될 때
제 꿈과 희망의 잔치에 초대된다는 것을 깨닫게 됩니다.
무엇보다 건강하게 살고 가족들과 더불어
생명을 살려 함께 가야 할 것입니다.
곧 닥칠 대병大病, 우주 순리의 틀대로 심판하실
고통의 시기를 이겨내야 합니다.

매일 기도하고 있는 사랑하는 가족들과 친척들, 이웃들이
다 함께 병들지 않고 사고를 당하지 않으며
병란의 위기를 극복하고
함께 무궁한 행복을 맛보기를 기원드립니다.

아버지께서는 저희가 애틋한 자식이기에
저희보다 더 간절히 저희와 함께 하시길 원하고 바라십니다.
천지신명님들의 소원도 그러하기에 내 아버지께
간곡한 청원을 받아주시기를 기원합니다.

1871년, 지구의 간방 한반도 땅으로 왕림하시어
천하를 둘러보신 후 9년 동안
하늘 땅을 뜯어 고치는 하늘, 땅 천지공사를 행하셨습니다.
당시 이 땅은 몹시 가난했고 굶주림에 허덕였으며
강한 나라들에게 치여 핍박받고 혼란스러웠습니다.
나라안팎 사정으로 불쌍하고 서러운 우리 겨레와 성도들을
위로해 주시고 가르치시면서 함께 공사들을 행하셨지요.

『도전』을 읽고 그 시절을 그릴 때마다 가난하고
안팎으로 고통 속에 있었던 우리 민족을 생각하니 코끝이
찡해옵니다.

그러나 아버지,
새벽이 깊어지면 여명이 찾아오고 반드시 동이 틉니다.
우리 민족에게 지금 여명이 찾아오고 있습니다.

그런데 새 아침을 맞기 전 저희는
크나큰 다리를 건너야 하는데
저 대교 위에는 목숨을 노리는 대병 신장들이
진을 치고 기다리고 있습니다.
인류를 심판하려는 괴질신장님들이 도사리고
정신을 또렷하게 모으지 않고는 건널 수가 없습니다.
아버지 도와주시옵소서.

2020. 이동희

11

내 몸에게 칭찬을

아버지,
해장국을 드신 기억이 나시는지요?
소의 염통을 삶아 시래기와 콩나물을 넣은
해장국을 먹으면 속이 시원해집니다.
이 염통을 자세히 살펴보면 구멍이 숭숭 나 있는데,
염통은 소의 심장입니다.
소의 심장에는 구멍이 난 작은 방들이 많은 것을 보면
사람의 심장에도 작은 방들이 있다는 걸 알게 됩니다.

그래서 오늘은
평화의 방, 용서의 방, 고요의 방, 우정의 방 등
여러 방 중에서 마음을 달래는 수행을 하고 있습니다.
평화의 방에 머물면서 호흡을 할 때 평화의 기운을 깊이
들여마십니다.
심장의 한켠에 있는 평화의 조그만 방, 또한 우주의 태라천이
보이는 곳.
여기서 시천주주, 태을주를 읊으며
심장을 관리하는 신명님에게 감사를 드리고
소원을 기도하며 부족한 대로 마음과 몸을 맡깁니다.

한 순간도 멈추는 일 없으신 심장의 신명님께
저절로 고개를 숙입니다.

심장은 하루 동안
103,680(72/1분X60분X24시간)회의 박동을 통해
피를 좌심방 좌심실에서 우심방 우심실로 운반하고,
폐는 하루에 25,920회(18회/분X60X24) 호흡하시는
위대한 수고에 항상 마음이 숙연해집니다.
이 맥박과 호흡의 운동을 합치면 129,600회로
우주 1년의 순환주기인 129,600년과
신기하게도 똑같이 일치합니다.
심장의 고동이 멈추는 그 순간까지
저의 심장은 제가 다른 일을 하더라도
쉬지 않고 피를 거르고 나르면서
시천주주, 태을주 노래를 할 것입니다.
제 의식이 다 하는 그 순간,
아버지께서 지상에서 맞이했던 마지막 시간처럼
시천주주와 태을주는 저희와 함께 계십니다.

저는 오늘 밤,
제 심장의 작은 방에 숨고 싶습니다.
우심실과 좌심실에서 열심히 일하시는 신령님들께
아버지를 대신해서 칭찬해드릴 것입니다.
한번도 심장에게 칭찬을 한 적이 없었던 오만한 저를
건강하여 심장일을 한다고 느꼈던 교만한 저를

물끄러미 바라보실 것입니다.

대장, 소장, 간장, 위장님들에게도
수고의 칭찬을 해드리고,
각 신령님들께서 어떤 말씀을 들려주시려는지
두 귀를 쫑긋 세워 마음에 새겨 두려고 합니다.

밤을 지새운 새벽녘,
심장 성곽의 작은 홀에서 눈앞으로 바이러스 군대들이
스멀스멀 다가오는 것을 살피고 있습니다.
작은 방에는 시천주주와 태을주의 신비한 우주 불멸의 힘이
임하고 있습니다.
아버지, 그들이 감히 어찌 대적해 오겠습니까?
신비한 힘을 입고 있는 존재들에게
어찌 맞서오겠습니까.

12

하늘과 땅 그리고 사람

밤새 안녕히 주무셨는지요? 아버지.
저는 고단하여 깊은 잠을 잤습니다.
발코니에서 참새들이 지저귀는 소리를 듣고서
새벽 눈을 떴습니다.
아버지께서 오늘은 짹짹 지저귀는 참새로 저를 깨우셨습니다.

어머니이신 대지에
부윰히 밝아지면 일어나 노래하는 새들의 합창과
저의 기도를 합하여 새벽기도를 올립니다.
새들은 온종일 노래하고 먹이를 구하러 날아다니면서
새끼를 돌보고 먹여주며 교육시킵니다.
그러다가 햇살이 황혼을 알리면
어떻게 알아차렸는지 점차 어디론가 숨어듭니다.
본능적으로 새들은 자신들에게 주어진 대지의 환경에
순종합니다.
서성거리던 한 마리 새도 어김없이
둥지로 날아가는 것을 보면 경이롭습니다.

아버지.

저는 오늘 아버지로부터

한낱 미물도 다 신명님들이 돌보고 있으니

함부로 대하지 말라는 가르침을 받습니다.

"밥 한 톨이라도 버리지 말라.

밥알 하나라도 새 짐승이 먹기까지 신명이 지켜보느니라."(9:144)

이 얼마나 알뜰살뜰 살피시는 말씀이십니까.

간혹 참새를 보고 감동을 받곤 하는데,

참새뿐이겠습니까.

바다 속 생물들이나 숲속 나무들과

나비, 벌, 개미나 땅속의 미물들까지

그들은 그들이 길을 누가 일러 주었는지 다 잘 알고 기어갑니다.

대지의 어머니는 모든 사물에게 말해 주십니다.

바위들도 분노를 알고

발에 차이는 돌멩이도 스치는 바람 결에

몸을 흔들며 기쁨으로 뒹굴고 있습니다.

저마다 자신들의 예사롭지 않은 표현의 울음을 가지고 있습니다.

미물들도 하늘의 메시지를 음파를 통해 알아차리고,

자연과 본능적으로 소통합니다.

하지만 만물의 영장인 사람은 그렇지 못합니다.

앞으로 신도세계를 통하게 되어 모든 사물들과 소통할 수 있고

신명세계와도 교류할 수 있는

새로운 영적 문화시대가 열릴 날을 기다립니다.

아버지, 미물들도 저렇게 영리한데
저 역시도 제 몸 안에 오장육부의 신비한 일들에 감사를
드립니다.
이 신비하고 거룩하심을 드러낼 수 있도록 도와주시옵소서.

저의 수많은 세포 안에 거하시는 삼신과 소통하며
아버지와 근원적으로 일치할 수 있을 때
비로소 진정한 사람만이 느끼는 행복을 맛 봅니다.

아버지, 제가 이렇게 편지를 쓰는 것도
아버지의 실재하심을 저의 평범한 일상사를 통해
『도전』 속에 계시는 우주의 주재자이신 아버지를
세상에 증명하고 싶기 때문입니다.
원한과 병에 쌓인 천지에 인간을 살리려고 오신 아버지,
우리나라에 오셔서 행하셨던
아버지의 위대하신 천지공사 내용을 이웃과 나누고
아버지의 사랑을 드러낼 수 있다면
얼마나 복을 짓는 일이겠습니까.

늘 짚신 한 켤레를 차고 다니시다가
맨발로 다니는 사람이 있으면 내어주고,
어디 가시다가도 좋은 짚을 보시면 추려 오시어
짬짬이 짚신을 짜두시고(9:33).

종기가 나서 3년을 앓던 김갑칠 성도의 동생에게

떡을 찔 때 시루솥에 붙이는 시룻번을 물에 이겨서
종기에 발라 주시어 3일 만에 깨끗이 낫게 해주셨습니다.(9:31)

온갖 질환으로 호소하는 많은 사람들을 다 낫게 해주신 아버지.
배고파하는 사람을 보시면
불쌍히 여기시어 같이 눈물짓던 아버지.
걸인을 보면 얼굴을 깨끗하게 씻겨 주시고 돈도 주시고,
헐벗은 사람에게는 아버지의 새 옷마저 벗어주시고
때로는 내복까지 전부 다 벗어 주시어
두 손으로 가리고 들어오셨던 아버지.
아버지의 수많은 자비들,
그 무한한 사랑을 어찌 다 적겠습니까.

더욱 감사할 일은 그런 창생들을 위해
앞으로 하늘과 땅, 그리고 인간이
하나로 연결되는 신도문화를 열어주시고
영화와 복록을 누릴 수 있도록
조화의 선경세계를 열어주셨다는 것입니다.

팬데믹의 힘겨운 시간이 지나 새로운 세상이 열리면,
식량이 부족하거나 환경이 오염되거나
질병에 시달릴 필요가 없는, 말 그대로 살기 좋은
지상선경 낙원세계가 펼쳐진다는 것입니다.
그것은 인류에게 주신
아버지의 지극히 크신 우주적 사랑이십니다.

그것을 알았기에 괴롭고 힘든 병란이지만 이를 극복할 수 있고,
희망의 끈을 놓지 않을 것입니다.

아버지, 오늘은 망종을 지나
하늘의 일꾼으로 새롭게 마음을 다지면서
하늘의 일을 시작하겠노라고 다짐하며 맞이하는
음력 5월 1일 하지입니다.
지금부터 새벽의 터널을 지나 남모르는 아버지의 공부를 합니다.
그래서 새들의 행동도 살펴보고
나무와도 풀꽃들과도 이야기를 나누며 듣고 있습니다.
'선천 관습 고치기가 죽기보다 어려우니라.'(9:208)
하신 말씀을 가슴에 꼭꼭 새기면서
한 걸음 한 걸음 새롭게 시작을 하려고 합니다.

동지는 한 해를 새로이 시작하는 첫날이자
한 해의 양기운이 새롭게 솟는 날이고,
하지는 음기운이 첫출발을 하는 날입니다.
새 날, 오늘은 마늘씨를 박아야 하는 순교의 시간,
코에서 단내가 나고 코피가 터지도록
남모르게 공부를 해야겠습니다.

아버지를 믿으려면 죽기보다 어려우니라(8:112) 하신 말씀을
뇌리에서 사라지지 않게 해야 할 것 같습니다.
앉으나 서나 신안이 열리도록 남들이 모르는 수행을 하며
『도전』을 읽고 메모해두는 시간을 즐겨야 한다는 말을

이제 이해하게 되었습니다.

오랫동안 간직하고 있던 엄마의 물건 중에 몇 가지를 또
버렸습니다.
그런 물건들이 욕심의 씨앗이 되어 뿌리를 내리게 되면
좋은 자리를 아버지께 드리지 못할 것입니다.

살아가는 데 꼭 필요한 것 외에는 버릴 수 있어야 하고
물건에 대한 부질없는 집착과 욕심은 죄를 낳을 뿐 아니라
사랑하는 이웃의 목숨까지 데리고 간다는 것을 깨달았습니다.

명당을 내려주시어 부자로 만들어주셨으나
지나친 욕심을 내어 도로 가난하게 되어 버린 내외에게
욕심을 부리지 말라(9:46)고 말씀하셨습니다.

새 옷을 모두 벗어 주시고
거적을 덮어 쓰시려고 하셨던 아버지시여.(9:33)
"너희도 잘 수련하면 모든 일이 마음대로 되리라."(3:312)
하신 말씀을 읽고
몸을 의지대로 사용할 수 있다는 것 자체가
이미 수련의 극치에 도달한 것이 아닌가 생각합니다.

제 몸인데도 제 마음대로 사용을 할 수가 없습니다.
유튜브, 문자, 영화 등등
좋아하는 것들의 유혹을 뿌리치지 못하고

지금도 당장 이 자리에서 해보고 싶어집니다.

제 의지로 먼저 몸 수행을 할 수 있도록,

스스로를 다스릴 수 있는 능력을 길러 주시옵소서.

이 모든 일이,

아버지의 허락 없이는 이룰 수 없다는 생각이 듭니다.

13

낡은 삶을 새 삶으로

아버지.
"묵은 습성이 하나라도 남았으면
그 몸이 따라서 망하느니라."(2:41)
하신 의미심장한 말씀을 새 아침에 품어 안습니다.

설이나 추석 명절 때마다 엄마는
저와 동생들에게 새 옷을 입혀 주셨습니다.
기분이 얼마나 좋았던지요.
혹시라도 더러운 게 묻을까봐 조심했던 기억이 새롭습니다.
그런데 어른이 된 지금, 저는 명절 때가 되면
어느덧 새 옷을 선물해야 하는 엄마의 입장으로 바뀌었습니다.

아버지.
저의 고질적인 고집들이 누룽지처럼 마음에 달라붙어서
새 옷 갈아입기가 힘이 듭니다.
예를 들면,
우주의 변할 수 없는 섭리인데도 믿고 싶지 않다든가,
꼭 읽어야 하는 책들을 미룬다든가,
같은 말을 여러 번 반복한다든가,

타인의 이야기에 귀 기울여 듣는 일을 아낀다든가,
고요함 즐기기를 미룬다든가,
이런 고집들이 쇠사슬로 묶여 있으니
어찌 제가 새 옷으로 갈아입었다고 말할 수 있습니까.
쓸모없는 고집을 버리고 새 삶으로 갈아입은 듯,
내가 크게 변화되었다고 말할 수 있을까요?

새로워진 생각과 새 희망으로
개벽의 옷으로 갈아입아야 합니다.
새로운 차원으로 업그레이드 된 새 습관을
하루 이틀 길들이고 고요한 시간을 통해 수행했다면
제 행동은 격이 달라지고 품격이 다른 날개를 얻습니다.

아버지께서도
제가 편지 쓰는 일을 미루지 말라고 하실 것입니다.
손편지를 드린다는 일은 저만의 무게이며 의무인 동시에
큰 기쁨입니다.
작은 단어들이 한 자 한 자 끼리끼리 모여
문장으로 엮어지면 『도전』에 계시는 아버지에게로 갑니다.
이 여정의 시공간은 이럴 때면 존재하지 않습니다.
생각으로 꿈꾸고 그 꿈을 쓰고 나면 쓴 결과물이
어느덧 『도전』의 현실이 되기 때문입니다.

아침마다 새로운 태양이 비치는 대지는 어제 것이 아닌 것처럼,
이전의 낡은 습관을 벗고

아버지께서 지어주신 시천주주, 태을주로
옷을 갈아입을 것입니다.
아버지,
제가 시천주주와 태을주의 광채로 흡수되는 동시에
생명 살리는 일을 위하여 손편지를 씁니다.

2021. 4
양경자.

P.S. 〈광채〉를 마치면서
편집을 책임 맡아 여러번 수고와 정성을 기울여 주신 이길연, 강경업, 한현진
선생님께 지면으로 대신 감사의 마음 전합니다.